李安宅 著

百年中国社会学丛书

《仪礼》与《礼记》之社会学的研究

北京大学社会学系 编

商务印书馆
The Commercial Press

本丛书由北京大学余天休社会学基金提供出版支持。

百年中国社会学丛书

总　序

中国社会学的发轫，起于变法维新与共和鼎革之际。先是康有为经由经学革命而提出的"大同说"，后有章太炎通过再造历史民族而确立的"正信观"，为这场现代思想变革的底色。而康、梁所倡导的"合群立会"主张，或是严复借移译西学而确立的群学思想，则是由西学东渐而来的另一层底色。

现代中国所经世变之亟，社会学之为新学，形成伊始便承担着综合学问的角色。章太炎先生说："人类有各种学术，则有统一科学之二法。其一，欲发现一切科学之原理，而据此原理，以综合一切科学者，是为哲学之目的，此所以称科学之科学也。其二，欲测定复杂之程度，而使一切科学，从其发现之早晚而排列之，是为社会学之任务，此所以亦称科学之科学也。"（章太炎译《社会学》）严复先生主张"以群学为纲"，认为"群学之目，如政治，如刑名，如理财，如史学，皆治事者所当有事者也。"（《西学门径功用》）

由此可见，从百余年前中国社会学发生以来，即确立了上接中国经史传统、下融西方科学观念，上识国体、下察民情的基本精神，不仅作为引入和融合各种思潮学说的桥梁，而且为各个学科提供了可资借鉴的概念和方法。百年间，社会学也曾伴随现代中国曲折前行的道路，经历有多变的命运。

从民国时期社会学的诞生，到 20 世纪 70 年代末社会学的恢复重建，北京大学在社会学学科发展上始终产生着重要影响。如今的学科体系，汇合有 1952 年院系调整之前北京大学和燕京大学的两大学术传统。民国期间北京大学虽未有社会学的系科建制，但李大钊、陶孟和、梁漱溟等先生一直通过课堂教学和政治实践传播社会学思想。燕京大学则学科设置齐备，前有步济时、甘博等国外社会学家的贡献，以及吴文藻、杨开道、杨堃等第一批中国社会学家的开拓性工作；后有李安宅、林耀华、费孝通和瞿同祖等学者发扬光大，由此奠定了中国现代社会科学史中最具学术创造力的"燕京学派"。改革开放以来，雷洁琼、费孝通和袁方等先生为北京大学社会学系的复建和社会学人类学研究所的成立，倾注了毕生心血，为后人留下了宝贵的学术遗产。

北京大学社会学前辈始终致力于社会学"中国化"的事业。无论是马克思主义学说的传入和践行，还是乡村建设运动的展开；无论是基于中国社会本位的社区研究及实验，还是有关中国文明传统及其历史变迁的探究；无论是对于中国边疆区域的田野考察，还是关于中华民族多元一体的理论构建；无论是对美国芝加哥学派的借鉴，还是对法国"年鉴学派"的引进，无不被纳入社会学家的视野之中，并真正为代代后学培育了立国化民的社会关怀感和学术使命感。时至今日，世界历史有了新的图景，中国文明也迎来了复兴的时代。今天的社会学家不仅需要有宏阔开放的眼光，需要细致观察社会生活变化的点点滴滴，更需要不断追溯以往，去重新领悟先贤们的智慧和胸怀。

诚如费孝通先生所说："从宏观的人类文化史和全球视野来看，

世界上的很多问题，经过很多波折、失误、冲突、破坏之后，恰恰又不得不回到先贤们早已经关注、探讨和教诲的那些基点上。社会学充分认识这种历史荣辱兴衰的大轮回，有助于我们从总体上把握我们很多社会现象和社会问题的脉络，在面对人类社会的巨大变局的时代，能够'心有灵犀'，充分'领悟'这个时代的'言外之意'。"（《试谈扩展社会学的传统界限》）

为传承中国社会学的学术传统，推进中国社会学的未来发展，北京大学社会学系编纂出版"百年中国社会学丛书"，通过系统整理以北京大学和燕京大学为主的前辈学人的研究成果，全面呈现中国社会学百年以来所确立的学科范式、视角、概念和方法，以飨读者。

因丛书所收篇目部分为 20 世纪早期刊印，其语言习惯、遣词造句等有较明显的时代印痕，且作者自有其文字风格，为尊重历史和作者，均依原版本照录；丛书底本脱、衍、讹、倒之处，唯明显且影响阅读者径改之，不出校记；数字、标点符号的用法，在不损害原义的情况下，从现行规范统一校订。特此说明。

北京大学社会学系

2018 年 7 月

目　　录

第一章 绪言

本文下手的方法，完全是客观地将《仪礼》和《礼记》这两部书用社会学的眼光来检讨一下，看看有多少社会学的成分。换句话说，就是将这两部书看成已有的社会产物，分析它们所用以影响其他的社会现象（人的行动）者，是哪几方面。至于这两部书，这项社会产品之成于谁手，成于何代，都不是本文的中心问题，不管知道这些事是怎样有价值。因为本文所要知道的，不是它们的成因，所以对于它们的时代背景，完全不谈；设若要做整个的系统研究，则致成它们的前在现象，便非要研究不可了。但这里所要知道的仅是这两部书之社会学的内容，所以这里所有的只是内证的研究（internal study），不是外证的研究（external study）。又因这里所最关心的是两书内容的整个实体，不是细节细目的排比；所以本文是大体上的归纳，不是章句的考证。因此，对于这两部书的本身可以说是主观的出现，而研究者由该书里搜取材料的方法，则是客观的分析。

这么一来，就使这两部书顿然失掉了它们历来保有的神秘性，由着圣人的天启，降到社会的产物。不过剥去神秘性，并不是剥去它们的社会价值。它们像一切其他的社会产物一样，一方面为社会所造成，一方面也要影响社会本身和社会的其他产物。礼书既已影响了中国社会这么多年，而其将死的游魂依然附在少数的

1

"国粹保存家"身上，我们很应该知道它们葫芦里到底是装的什么药。而且文化这东西，不是截然中止的，^①现在的文化一定是旧文化的产物，为欲了解现在起见，也该研究研究旧有文化之"上层建筑物"^②的这一小部分。

两部书既像旁的书那样，统统都是社会产物，^③则当它们的著者和年代等等都起纠纷的时候，避免纠纷的论点，去做该物的内证研究也是很好的。反正它们是社会积集过程的结果，纵使考出著者和年代来，也不过是纯历史的兴趣，与文化的大体是不大相干。但若考出制成那项作品与养成作品之作家的时代背景（这宗社会产物的前在成因），自然是一项了不得的社会史学的工作，不同于仅仅考出作家是某个人或某几个人，作时是某年某月。不过这层，已如第一段所说，不是本文的范围了。这类的工夫既不是这里所要做的，则于一般论点，可以附带说说。有人以为三礼之中《礼记》最晚，^④而且以为主要部分不能早过周之衰世^⑤（公元前400年）。其实，《周礼》是刘歆为王莽托古称制的辩论已很普遍，当然要算更晚。据说《仪礼》是孔子时代的东西，《礼记》是孔子以后四百年的产物。^⑥列在《五经》的应该是《仪礼》，不该是《礼记》。然而《礼记》较其他二礼都有势力而且列在《五经》者，因

---

① Clark Wissler, *Man and Culture*, Chapter III "The Continily of Culture".

② Nikolai Bukharin, *Historical Materialism*, "the Oatlines of the Superstructure", pp. 150—208.

③ Wm. M. Brown, *My Heresy*, pp. IX—XI.

④ John Steele, *The I. Li*, pp. XI—XVIII.

⑤ James Legge, *The Li Ki*, pp. 1—9.

⑥ Leonard S. Hsu "Political Ideas of the Li Ki", *The China Journal*, Vol. V, No. 6, Dec. 1926, pp. 287—295.

为里面有理论，不干燥（那就是不专写仪式），能够代表有汉以前的儒家思潮；且它不像《周礼》似的专写一代的东西，而是写时代性较长久的东西；也不像《仪礼》似的专写做官阶级的东西，而是写阶级性较普遍的东西，更何况现代学者认它是较为可靠的古书呢？①

至于本文选《仪礼》和《礼记》来作研究的对象，而不研究《周礼》的缘故，并不是以后者为时代较晚不值研究，乃是精力所限，必须缩小范围。大凡人类的活动都是实行在先，理论在后，就像先有语言文字然后才有文法规程一样。据说周时文物制度已经灿然可观，然而只有制度而无理论，直到孔子始创官师分家，②始有著书立说之理论可言，③也是这个道理。那么，我们将记载古时候仪式的《仪礼》和杂记仪式与理论的《礼记》来研究一下，也是手续上很顺利的事。

未说到两书内容之先，我们应该知道"礼"在社会，到底是怎么一回事。中国的"礼"字，好像包括"民风"（folkways）、"民仪"（mores）、"制度"（institution）、"仪式"和"政令"等等，所以在社会学的已成范畴里，"礼"是没有相当名称的：大而等于"文化"，小而不过是区区的"礼节"。它的含义既这么广，所以用它的时候，有时是其全体，有时是某一方面或某几方面。据社会学的研究，一切民风都起源于人群应付生活条件的努力。某种应付方法显得有效即被大伙所自然无意识地采用着，变成群众现象，

① Liang Chi-ch'ao, *Explanation of Important Book and the Method of Studying Them*, Tsing Hua Press, 1926, pp. 188—189.

② 冯友兰："孔子在中国历史中之地位"，《燕京学报》第 2 期，1927 年 12 月。

③ 章实斋：《文史通义·诗教篇上》。

那就是变成民风。等到民风得到群众的自觉，以为那是有关全体之福利的时候，它就变成民仪。直到民仪这东西再被加上具体的结构或肩架，它就变成制度。[①] 至于为民上者所定的制度（那就是政令）是否能得民心而有效，则全靠这种政令之是否合乎既成的民风。合则有效，否则不过一纸空文而已。所以普通观念里都以为礼是某某圣王创造出来的，这种观念并不正确；因为成为群众现象的礼，特别是能够传到后世的礼，绝对不是某个人某机关所可制定而有效的；[②] 倘欲有效，非有生活条件以为根据不可。许多改革运动都失败了，就是因为未求其本而求其末，未求生活条件上的改变而求建筑在旧有生活条件上的东西的改变。[③] 不过生活条件虽已改变，旧的风俗制度尚且因为沿用已久而变僵固（cake of custom），作为进化的障碍，所以需要快刀斩乱麻的手段，加以破坏，那就是革命。到这时候，不管国粹不国粹，非要廓而清之不可。近来所通常诅咒的"吃人的礼教"，就是变成沉积的废物（cultural lag）在那里作怪，阻障社会的演进。社会过程（social process）就是这样：制度与生活条件相适应就有平衡，不相适应，平衡就破裂；破裂而后，找着进步扩大的基础而恢复平衡，就是积极平衡，找着退步缩小的基础而恢复平衡，就是消极平衡；消极不已，社会便会灭亡。这样平衡而破裂，破裂而平衡的社会过程，认之为演化的就是"辩证法"（dialectic method）；认之为循环的就是中国传统的历史观。什么六十花甲子、小周天、大周天等等莫名其妙的东西，都是这一套。有些不长进的人的妙论以

---

① Wm. Graham Sumner, *Folkways*, pp. 1—74.

② Clark Wissler, *Man and Culture*, p. 18，说文化单体不必合于政治单体。

③ Wm. Graham Sumner, *Folkways*, pp. 94—95.

为中国社会虽陈腐，外国社会虽发展得迅速，等到他们转过圈子来，我们就到他们的前头了。至于另一派国粹家拼命地喊着说中国的礼教是圣哲所启示，是天之经地之义，放诸四海而皆准，绳之百世而不惑的东西，天天叹惜人心不古，尽力开其倒车（那就是找消极的平衡），则连"君子而时中"和"孔子圣之时者也"的"时"字都不懂，那真无理可喻了。

礼教是社会的产物，并不是某圣哲某机关所可包办，而且有时会作进步之梗，已如上述。则其必有地域与种族上的隔膜，不能放诸四海而皆准，更是显然的事实。据社会学的研究，特别是人类学的研究，我们知道每种民族都是以他们自己的礼教为最高的（ethnocentric）。不管旁人以为是非怎样，在某民族之内，是非的标准都是要以该族的礼教（民仪）为标准的。合者为是，不合者为非，为外道，为异端，在迷信巫术的社会里，更是这样；谁要犯禁忌（taboo），则恐殃及全群，而加犯人以极酷重的刑罚；因为对于外族，对于神灵，都是集合责任（collective responsibility），不是个人责任（individual responsibility）。国粹家不明乎此，则无怪乎大惊小怪地称赞国粹而且疾恨"偶像破坏者"（idoloclast）了。

那么，我们知道礼教是社会的产物，是上层建筑的一种，是因时代、地域、生活条件上的不同而不同的；关于礼教的书籍，也同样是社会产物，不管实际下手写字的是几个个人。所以一切关于礼教和礼书的神秘性都可净除了。

按世间现象，计有四等：第一，无机现象（理化）；第二，生理有机现象（生理）；第三，心理有机现象（心理）；第四，超有机现象，那就是文化现象。^①文化现象为人类社会所独有，故文化是人类所以异于天然状态之动物的唯一区分。威斯勒^②以为："在历史和社会学看来，文化是此种民族或彼种民族的生活状态……个人种种活动所有的生活全体，就是……文化的基本现象。"泰勒^③也说，文化是"人以社会一分子的资格所习得的全称复体，包括知识、信仰、艺术、道德、法律、风俗，以及任何其他的能力与习惯"。文化既是超有机现象的全体，则麦克维尔^④所以为是生活之质与生活之表现的"文化"，和中国所惯称的精神文明，正是人类学上所说的文明（civilization），那就是文化（culture）的晚近阶段；而麦氏所以为是群体机械的全体系统，是生活的制度与工具的"文明"，与中国所惯称的物质文明，正是人类学上所说的物质文化，那就是文化的初始阶段。

可巧，中国的"礼"既包括日常所需要的物件（人与物、人与人、人与超自然等关系的节文），又包括制度与态度。那么，虽然以前没人说过，我们也可以说，"礼"就是人类学上的"文化"，包括物质与精神两方面。文化，既如上面所述，是超有机现象的全体，礼节所载的，又不只是节文、制度或态度的单方面，而是各方面的全体，则我们为着便于材料的整理起见，可将礼节的一切材料，穿插在文化之"普遍型式"（universal pattern）^⑤的范畴里。

① A. L. Kroeber, "The Super-Organic as the 4th Phenomena", *in Case's of Outlines of Introductory Sociology*, pp. 35—41.

② Clark Wissler, *Man and Culture*, p. 1.

③ E. B. Tylor, *Pimitive Culture*, Vol. I, p. 1.

④ R. M. MacIver, *Community*, pp. 434—437.

⑤ Clark Wissler, *Man and Culture*, Chapter V. "the Universal Pattern——the Culture Scheme".

　　那么，本文的结构，除第二章"礼"不在威斯勒的范畴之内，及"战争"一项归并在第九章"政治"以外，其他各章都以威氏之"普遍型式"的次序为次序。第二章可以说是礼书本身对于文化现象（超有机现象）的绪论。以次各章，便是礼所包括的内容，便是文化的"普遍型式"。一切都是两书本身自有的记载，间或加以比较和批评。

第二章 礼

（1）礼的本质

礼的起源，自于人情。《问丧篇》述说等等条目而后，就说那是"人情之实也，礼义之经也，非从天降也，非从地出也，人情而已矣"。人情之最易见到的是饮食男女以及言谈行为，故《礼运》说"夫礼之初，始诸饮食"；《昏义》说"夫礼，始于冠，本于昏，重于丧祭，尊于朝聘，和于乡射"；《曲礼上》说"修身践言，谓之善行，行修言道，礼之质也"。

中国说话的惯例，多好将一件很简单明了的事说得很神秘。神秘的缘故，就是用的字眼笼统，辗转紬绎，含意愈远。另一原因，就是好用形而上的根据。例如《礼运》所说孔子之言，"夫礼，先王以承天之道，以治人之情，故失之者死，得之者生。"若将天道人情看作自然律和生理、心理、社会等现象，则是很自然的，很科学的。但是普通对于天道先王等字眼附会联想得太多，则不免要使这些话有了麻醉的氛围。至于《礼器》的"礼也者，合于天时，设于地财，顺于鬼神，合于人心，理万物者也"等话，更不免神秘些。但其下面紧接着的话，则颇似乎现代的文化决定

论（cultural determinism）或历史唯物论（historical materialism），
"是故天时有生也，地理有宜也，人官有能也，物曲有利也……居
山以鱼鳖为礼，居泽以鹿豕为礼，君子谓之不知礼"，"天不生，
地不养，君子不以为礼"，这是很合理的，但加上一句"鬼神弗飨
也"则又糟糕了。我们生在现代，绝对不该用现代的眼光，以为
古人在古时所说的没有道理，因为当时的用处与社会价值，并没
有什么不好，竟或是很好。不过现代的国粹家活在现代，死不肯
脱去古时死壳，硬要将些死壳加在活人身上，那就未免缺德，所
以我免不了要辞而辟之。

　　说礼似有文化决定论，并非牵强，有时真将礼说得等于文化
了。《檀弓下》引子游的话曰："礼有微情者，有以故兴物者。有
直情而径行者，戎狄之道也，礼道则不然。"直情径行是天然状态
（state of nature），礼道是用人为品节的功夫。那么，和人类学家
将天然加上人为就等于文化，不是一样吗？《礼器》引孔子的话，
以为"礼也者，物之致也"，"先王之制礼也，因其财物而致其义
焉"；《仲尼燕居》也说："礼者何也？即事之治也"；《礼器》又
说*："故作大事必顺天时，为朝夕必放于日月，为高必因丘陵，为
下必因川泽；是故天时雨泽，君子达亹亹焉"。这还不是唯物的文
化决定论吗？

　　《礼器》又有"礼之近人情者，非其至者也"，这不过是说文
化愈发达，则去天然状态愈远；因为底下紧接着说："君子之于礼
也，非作而致其情也，此有由始也。是故七介以相见也，不然则
已悫；三辞三让而至，不然则已蹙。"然而泥其字义，竟或与"人

---

　　*　此句1931年版误脱，致使"故作"以下《礼器》之文误与《仲尼燕居》混。
（*后为编辑注，下同）

情而已矣"的话相矛盾，成为后来越讲礼越不近于人情的习气的张本。

不过礼有两方面，一面以人情为本，一面以节仪为文："无本不立，无文不行"（《礼器》）。时异势变，礼有不合者可以改革，原本缺乏者可以创造；因为我们被告诉说："礼，时为大，顺次之，体次之，宜次之，称次之。尧授舜，舜授禹，汤放桀，武王伐纣，时也"（《礼器》）；"礼也者，义之实也，协诸义而协，则礼虽先王未之有，可以义起也"（《礼运》）；"道不远人，人之为道而远人，不可以为道"（《中庸》第十三章）。

至于《中庸》（第二十八章）所说"虽有其位，苟无其德，不敢作礼乐焉；虽有其德，苟无其位，亦不敢作礼乐焉"，则为后人所偏重，礼乃成了专利品而莫敢向迩。这因为《中庸》虽是《礼记》之一部，但自取出，列为四书之一，广告性和暗示性便从而较强了。

（2）礼的功用

礼的功用有积极增进福利的，有消极防阻祸害的，有为客观之测量标准的。

第一，有礼始可使人异于禽兽。"鹦鹉能言，不离飞鸟；猩猩能言，不离禽兽。今人而无礼，虽能言，不亦禽兽之心乎？夫唯禽兽无礼，故父子聚麀*，是以圣人作，为礼以教人，使人以有礼知自别于禽兽"（《曲礼上》）；"感于物而动，性之欲也。夫物之感人无

---

* 1931 年版此句脱"于"字。

穷。而人之好恶无节，则是物至而人化物也。人化物也者，灭天理
而穷人欲者也。……此大乱之道也，是故先王制礼乐以为之节"*
(《乐记》)。(礼之社会价值是显然的。但是若假想在礼之先就有圣
王想到礼的必要，则是不可能的事。至多也不过是有了礼，见到利
益，加以肯定罢了。若已有礼，已经别于禽兽，而有圣王作，制定
礼制，那是很自然的事。又是溯源，又是解释后来肯定民风的礼或
制定政令的礼，混在一起谈，是不被文化学者所允许的事。古书之
称圣王者多类此，宜分看。) 这与人类学所说，颇相暗合："文化的
萌芽，就包含着本能的抑制……乱伦试探，是人类不得不尽量抑制
的，因为乱伦和有组织的家庭生活是不相能的事"(Malinowski: *Sex
and Repression in Savage Society*, pp. 182—183)。①

　　第二，有礼可以"定亲疏，决嫌疑，别同异，明是非"(《曲
礼上》)。因为有礼则"毋不敬，俨若思，安定辞，民安哉"(《曲
礼上》)了。

　　第三，礼的积极功用，在乎它是人的大端，"所以讲信修睦
而固人肌肤之会、筋骸之束也；所以养生送死事鬼神之大端也；
所以达天道，顺人情之大窦也。……故坏国丧家亡人，必先去
其礼"(《礼运》)。《礼器》也说："大备，盛德也。礼释回，增
美质；措则正，施则行。其在人也，如竹箭之有筠也，如松柏之
有心也……故贯四时而不改柯易叶**，故君子有礼，则外谐而内
无怨。"

　　第四，礼可以成功政治的势力。"苟无礼义忠信诚悫之心以莅

*　1931年版此句脱"是"字。
①　冯友兰："儒家对于婚丧祭礼之理论"，见《燕京学报》第三期，1928年6月。
**　1931年版"柯"误为"革"。

之，虽固纪之，民其不解乎？"（《檀弓下》）孔子说："明乎郊社之义，尝禘之礼，治国其如指诸掌而已乎*。"（《仲尼燕居》）《礼运》又有："是故礼者，君之大柄也……礼无列则士不事也；刑肃而俗敝，则民弗归也，是谓疵国。"《礼器》也有："君子之行礼也，不可不慎也，众之纪也，纪散而众乱。"

第五，欲知人，必由礼。《礼器》说："无节于内者，观物弗之察矣，欲察物而不由礼，弗之得矣。""祀帝于郊，敬之至也；宗庙之祭，仁之至也；丧礼，忠之至也；备服器，仁之至也；宾客之用币，义之至也：是故欲观仁义之道，礼其本也。"《礼运》所说更精警："饮食男女，人之大欲存焉；死亡贫苦，人之大恶存焉：故欲恶者，心之大端也。人藏其心，不可测度也，美恶皆在其心，不见其色也：欲一以穷之**，舍礼何以哉？"这等用礼来准备主观的考察能力，和客观考察标准，比国人所习惯用的"诛心之论"，精美得许多。

第六，欲防败，必由礼。《坊记》引孔子的话："小人贫斯约，富斯骄。约斯盗，骄斯乱。礼者因人之情而为之节文以为民坊者也。""夫礼，坊民所淫，章民之别，使民无嫌，以为民纪也。""大为之坊，民犹逾之，故君子礼以坊德，刑以坊淫，命以坊欲。"用节文养成习惯，以为预防，不使任情，正是文化之所以异于本能的地方。普通谈理想很好，一旦遇见执行理想的时机，反倒失败，就是因为没有习惯的素养之故。人是习惯的动物，不是理想的动物；怎样理想化，若无习惯作根据，也是要临阵便

---

* 1931年版"尝禘"误倒，"指"误为"示"。

** 1931年版"美恶"后脱"皆"字，"色"后脱"也"字。

"弃甲曳兵而走"的。

（3）行礼的资藉

明礼之道，是要用恭敬，撙节，退让的（《曲礼上》）。

行礼所需的事物，要求其方便。"贫者不以货财为礼，老者不以筋力为礼"（《曲礼上》）。礼本来是"因其财物而致其义焉"的（《礼器》），故"因天事天，因地事地"。

礼有以多为贵的，因为"外心者也。德发扬，诩万物，大理物博……故君子乐其发也"。如庙数豆数之尊者愈多是。有以少为贵的，因为"内心者也。德产之致也精微，观天下之物无可以称其德者……是故君子慎其独也"。如天子无介，祭天用特牲是。有以大为贵者，有以小为贵者，有以高为贵者，有以下为贵者，有以文为贵者，有以素为贵者，——都是要因地制宜，因时制宜，因人制宜，因情节制宜；宜就是"称"，"孔子曰：礼不可不省也。礼不同，不丰不杀。此之谓也——盖言称也。"（《礼器》）

"称"的客观标准就是："举其定国之数，以为礼之大经。礼之大伦，以地广狭；礼之薄厚，与年之上下。是故年*虽大杀，众不匡惧，则上之制礼也节矣。"（《礼器》）

柳若劝子思慎母丧，子思答曰："吾何慎哉？吾闻之：有其礼，无其财，君子弗行也；有其礼，有其财，无其时，君子弗行也。吾何慎哉？"（《檀弓上》）"子游问丧具夫子曰：称家之有亡。子

游曰："有无恶乎齐？"*夫子曰：有，毋过礼；苟亡矣，敛首足形，还葬，县棺而封，人岂有非之者哉？"（《檀弓上》）

礼固要节文为之具体表现，但"礼之所尊，尊其义也"（《郊特牲》），所以孔子说："师尔以为必铺几筵，升降酌献酬酢，然后谓之礼乎？……言而履之，礼也。"（《仲尼燕居》）

（4）礼的理论

甲、中庸

礼不好高骛远，求其无过无不及而已。故《中庸》说（第二章）："中也者，天下之大本也。"又说（四章）："道之不行也，我知之矣。知者过之，愚者不及也。"子贡问："敢问将何以为此中者也？"孔子就答说："礼乎？礼，夫礼所以制中也。"（《仲尼燕居》）

因为要求中庸，所以"敖不可长，欲不可从，志不可满，乐不可极"（《曲礼上》）；所以"礼从宜，使从俗"（《曲礼上》）；所以"先王之制礼也，过之者俯而就之，不至焉者，跂而及之"（《檀弓上》）。这无怪乎庄子要骂断鹤续凫之为摧残本性了。

因为要求中庸，所以凡事不走极端，即行礼都不要太拘泥，更不用说礼在定义上就是制中的了。孔子说："先王制礼，过时弗举，礼也……故君子过时不祭，礼也。"（《曾子问》）"丧事虽遽不

---

* 1931年版"子游问丧具"后脱"夫子曰：'称家之有亡。'子游曰'有无恶乎齐？'"。

陵节，吉事虽止不怠。故骚骚尔则野，鼎鼎尔则小人；君子盖犹犹尔"（《檀弓上》）。就是辟踊哀之至，也要有筭（同算），为之节文。曾子批评黔敖不食嗟来之食以至于死曰[*]："微与！其嗟也可去，其谢也可食"（《檀弓下》）。"用人之知，去其诈；用人之勇，去其怒；用人之仁，去其贪"（《礼运》），这是中庸的长处。然因要中庸，中庸的分量又不太好称量，所以有时真难对付：管仲"镂簋朱纮，山节藻棁"多加修饰一些，君子就以为滥；晏平仲祀其先人"豚肩不揜豆，澣衣濯冠以朝"这么俭省一下，君子就以为隘。（《礼器》）

中庸既不易求，为什么偏要求中庸呢？第一因为"天地之道，寒暑不时则疾，风雨不节则饥，教者，民之寒暑也，教不时，则伤世；事者民之风雨也，事不节，则无功"（《乐记》）。第二因为礼为可传也，为可继也，故母死而为孺泣，虽为情之至，孔子也嫌"哀则哀矣，而难为继也"，非要主张"哭踊有节"不可（《檀弓上》）。至于因为什么必要可传，必要可继，则是另一问题，不过姑以要传要继作其根本假定罢了。即哭踊有节一层，理学大家王阳明已经提出反抗；他的亲死，有哀则哭，无哀则止，虽有吊者，也不陪着强哭。

乙、诗的态度（make-believe）

人有不如意事，依着理智的判断，则已而已耳，然在感情方面

则有莫可摆脱之势。普通宗教都是将无可如何的东西，在"昼梦"（daydream）中使其实现，借以得到"报偿"（compensation）。然若专重感情，而固结迷信，又为理智之要求所不许。那么，兼顾感情和理智两方面的，明知其非而姑且为之，便是诗的态度——姑且信之，以济眼见之穷罢了，换句话说，就是自己故意欺骗自己。如艺术家粉墨登场，本非所拟之人，然犹揣摩化身，姑且拟之。

人已死矣，欲使复生，是感情之不得已，故曰"复，尽爱之道也"（《檀弓下》）。人已死矣，仍在口中实饭，而"饭用米贝，弗忍虚也"。"铭，明旌也；以死者为不可别已，故以其旗识之，爱之，斯录之矣，敬之，斯尽其道焉耳"（《檀弓下》）。

爱之敬之，宁信其有："齐之玄也，以阴幽思也；故君子三日齐（按：zhāi，同斋戒的"斋"）必见其所祭者"（《郊特牲》）。"飨者，乡也。乡之，然后能飨焉……齐齐乎其敬也，愉愉乎其忠也，勿勿诸其欲其飨之也。""文王之祭也，事死如事生"（《祭义》），"致齐于内，散齐于外，齐之日，思其居处，思其笑语，思其志意，思其所乐，思其所嗜。齐三日，乃见其所为齐者"（《祭义》）。这还不是给自己催眠，而白昼见鬼吗？

不过这种白昼见鬼的办法，是明知故作的。故《郊特牲》说"腥、肆、爓、腍祭，岂知神之所飨也？主人自尽其敬而已矣"（《檀弓下》）。也有"奠以素器，以生者有哀素之心也，唯祭祀之礼，主人自尽焉耳，岂知神之所飨？亦以主人有齐敬之心也"。

而且不但飨不飨是疑问，简直肯定地知道必不飨。故"笾豆之荐……所以交于神明之义也，非食味之道也"（《郊特牲》）；"孔子谓：为明器者，知丧道矣，备物而不可用也"（《檀弓下》）。明器本是用作象征，以"大象其生"（荀子《礼论》）的，用真器就不对了。《檀弓下》载孔子的话："哀哉！死者而用生者之器也，不殆于用殉乎哉？"曾子也批评宋襄公葬其夫人之用醢醯百瓮，道："既曰明器矣，而又实之！"（《檀弓上》）

不过虽知无效，偏又甘于自己哄哄自己。所以问道因为什么三日而后殓，就记曰："孝子亲死，悲哀志懑，故匍匐而哭之，若将复生然，安可得夺而敛之也？故曰，三日而后敛者，以俟其生也。三日而不生，亦不生矣！孝子之心，亦益衰矣！"（《问丧》）既敛而葬，送葬的时候，仍不遽信其死不可卒返（"亦不生矣"不过是无可如何的假定），故"其往送也望望然，汲汲然，如有追而弗及也，其反哭也，皇皇然若有求而弗得也。故其往送也如慕，其反也如疑，求而无所得之也。入门而弗见也，上堂又弗见也，入室又弗见也，亡矣！丧矣！不可复见已矣！故哭泣辟踊尽哀而止矣，心怅焉，怆焉，惚焉，忾焉，心绝志悲而已矣"（《问丧》）。到"而已矣"的时候，已经不可再行自己暗示了，已经真相毕露而幻象破除（disillusioned）了。然而不然，诗的态度，尚有法术在："祭之宗庙，以鬼飨之，缴幸复反也。"

总结诗的态度，就是《檀弓上》所载孔子之言："之死而致死之，不仁，而不可为也；之死而致生之，不知，而不可为也。是故竹不成用，瓦不成味。木不成斫，琴瑟张而不平，竽笙备而不和，有钟磬而无篑虡，其曰明器，神明之也"（致生之固不知，大象其生，自无妨碍也）。

丙、一般的理论

第一，"礼不下庶人"（《曲礼上》），只通行于士大夫之有讲

17

礼之资格者，这一句陈澔《集说》"大夫抚式礼士，则士下车，庶人则否，故云礼不下庶人也。"然《曲礼》本文，明明是"礼不下庶人，刑不上大夫"，自然应该解作"礼对庶人不大认真，刑于大夫亦有原恕"，是阶级制度的自然表现，不必与上句抚式条连读。

第二，"君子行礼，不求变俗。祭祀之礼，居丧之服，哭泣之位，皆如其国之故，谨修其法而审行之"（《曲礼下》）。这一来，就将已有的民风，加上礼的保障，固结而不可变。

第三，"礼闻取于人，不闻取人；礼闻来学，不闻往教"（《曲礼上》）。中国历来的怀柔羁縻政策，对于自己文化的夸大狂，适与西洋的传教精神（missionary spirit resuming the Whiteman's burden）相反，不知受到这样的教训有多大？

第四，礼是日常行为所必需，有如布帛菽粟，并非怎样高远。"道不远人，人之为道而远人，不可以为道"（《中庸》第十二章*）。

第五，"礼尚往来"，那就是注重相互的关系。"往而不来，非礼也；来而不往，亦非礼也"（《曲礼上》）。

第六，礼要诚，而且要有分际。《礼器》说："君子之于礼也，有所竭情尽慎致其敬而诚若，有美而文而诚若。君子之于礼也；有直而行也，有曲而杀也，有经而等也，有顺而讨也，有掀而播也，有推而进也，有放而文也，有放而不致也，有顺而摭（按：zhí，拾取）也。"《檀弓上》记子路的话："吾闻诸夫子，丧礼与其哀不足而礼有余也，不若礼不足而哀有余也；祭礼与其敬不足而礼有余也，不若礼不足而敬有余也。"

第七，讲礼当在遑于讲礼的时候，故曾子说："国无道，君子耻盈礼焉"（《檀弓下》）。国内军阀为虐，偏偏用礼来文饰太平，

---

* 应为第十三章。

如孙传芳之投壶，而国学大师章炳麟也像煞有介事地委蛇于其间，真怪不得国人为之齿冷了。正当的方法是："国奢则示之以俭，国俭则示之以礼。"

第八，礼不勉强使人欢悦，说话是辞达而已。《曲礼上》："礼不妄说人，不辞费。礼不踰节，不侵侮，不好狎。"好多人满口称礼，一遇直口而谈的人，便觉逆耳；一遇势不己敌的，便加侵犯。则无怪讲礼的越多礼，越不可收拾了。

第九，"礼之所尊，尊其义也"（《郊特牲》）。儒家的观念，在乎用礼作为人的概念，①人之所以为人，就是因为有礼。人只要尽了为人的本分，就是完人，不管殊特的人所要尽的殊特本分是什么。就如同唱戏的，只问表现的艺术价值，并不问所被表现的那一位是英雄是无赖，是可喜是可恶。儒家先将人分成类："君臣也，父子也，夫妇也，昆弟也，朋友之交也"（《中庸》第二十章），每类给你一个应尽之道，那就是义，那就是人之所以为人的概念，那就是唱戏所要表演的艺术价值。这义就是《大学》所说的（第三章）"为人君，止于仁；为人臣，止于敬；为人子，止于孝；为人父，止于慈；与国人交，止于信。"《礼运》所说的："父慈，子孝；兄良，弟悌；夫义，妇听；长惠，幼顺；君仁，臣忠，——是谓十义。"有了这几样义，你的责任就是要忠于义，实现义，因为那就是你完成你自己的人之所以为人——人之概念。所以你所致力的是义，而不是你的对手方，你的对手方不过是义所借以表现的对象罢了。那么，臣、子、妇之殉君、父、夫，所殉的是君、父、夫，而不是代表君、父、夫的个人。所以不管个

---

① 冯友兰："儒家对于婚丧祭礼之理论"，见《燕京学报》第三期，1928年6月。

人怎样，你对于他或她的抽象概念是绝对的，"天下无不是的父母"在这种解释之下，才有意义。不过这么一来，责望对方实行其抽象的概念，就单独落在优制（dominant）者的手里，被制者享不到这种权利。形而上的国家论者（the metaphysical theorists of the state or the idealists）之只能为统治阶级制造哲学的根据，理由也是一样。(Hobhouse: *Metaphysical Theory of the State*)[①]

---

① 这也是冯友兰教授所暗示的，参看《社会学界》第一期，"中国之社会伦理"，1927 年 6 月。

第三章　语言

社会人类学家研究某时某地的社会，必将该社会的语言系统，加以整个的研究，但在《仪礼》与《礼记》两书既没有许多这等材料，而且又是需要专门知识的事，故于系统本身，只好略而不谈，仅仅举几种可觇语言进展之路程的事实。

第一使我们注意的，就是家族戚属之称谓的繁多而明晰。如舅父母、姨母、堂舅父母、堂姨母、姑伯叔父母、表伯叔父母、堂姑、堂伯叔父母、族姑、族伯叔父母，决不像英文仅以 aunt 与 uncle 了事；兄弟姊妹、表兄弟、表姊妹、姨兄弟、姨姊妹、堂表兄弟、堂表姊妹、堂兄弟姊妹、再从兄弟姊妹、族兄弟姊妹，不像英文仅以 brother、sister、consin 了事；他如甥侄等字，也不像 nephew 那么简单。中国这样的家族社会绵延到很久很久，走不到公民社会；但已不是粗浅的社会所可比。一方面很原始，一方面也不能不将族属系统弄得很精，这些名词也就不能不判分了。在社会学上看，当然分化（differentiation）越细的，越算在演化程中走得远。但是在中国许多方面，都是演化到另一途径，这种公民名词少，族属名词多，对于中国整个的文化很有象征的意味。

这类名词再加上死的名、祭的名、直称的名（第二身）、称及的名（第三身）、自称的名，乃更富丽得不得了。如《曲礼下》所载对于夫妇、父母、祖父母的名称，可以列表如下：

生　　时	死　　时	祭　　时
夫		皇辟
妇	嫔	
父	考	皇考
母	妣	皇妣
王父（祖父）		皇祖考
王母（祖母）		皇祖妣

死之一字，就有这许多的语言表示（《曲礼下》）：

人　品	死　名	告　丧
天　子	崩	登假
诸　　侯	薨	
大　夫	卒	
士	不禄	
庶　人	死	

其他等等异名，如牛曰“一元大武”，豕曰“刚鬣”，豚曰“腯肥”，羊曰“柔毛”，水曰“清涤”，稷曰“明粢”之类（《曲礼下》），多至不可胜数。

对于翻译这名字也因所以交接的民族不同，而有异同，如东方曰“寄”，南方曰“象”，西方曰“狄鞮”，北方曰“译”是（《王制》）。当时既有这等准备，总是很与外族关系复杂了。

关于语言的仪容有《曲礼上》的“长者不及勿儳言”；“正尔容，听必恭；毋剿说，毋雷同；必则古昔，称先王”；“侍坐于先生，先生问焉，终则对；请业则起，请益则起”；“毋侧听，毋噭应，毋淫视，毋怠荒”。

“言语之美，穆穆皇皇。”（《少仪》）

“礼不辞费。”（《曲礼上》）“外言不入于梱，内言不出于梱。”*

---

* 此句出自《内则》。

第四章　物质文化

本文因篇幅与时间的限制，对于本节，不过略具概观而已，故不免罣漏与生滞。根本原因，是只打算研究其理论，至于具体事象，则合拢来便于观察罢了。

（1）衣饰

头上之饰，如冕、弁、冠等；衣服如后之袆衣、纯衣、丧服之斩衰、齐衰等，种类颇繁。聂崇义（周世宗时洛阳人）集注的《三礼图》（宋建隆三年表上于朝），已经编列清楚，此处不赘。但杂引关于衣饰之说，以见一斑。

《玉藻》说："玄冠朱组缨，天子之冠也；缁布冠缋緌诸侯之冠也；……玄冠綦组缨，士之齐冠也；……垂緌五寸，惰游之士也；……以帛裹布（外布内帛），非礼也……国家未道，则不充其服……裘之裼也，见美也；吊则袭，不尽饰也……笏，天子以球玉，诸侯以象，大夫以鱼须文竹，士竹本象可也……凡有指画于君前，用笏；造受命于君前，则书于笏；笏毕也，因饰焉……凡带有率（缝处）无箴功（不见针线痕迹）……古之君子必佩玉，右徵角，左宫羽，趋以采齐，行以肆夏，周还中规，折还中矩；

进则揖之，退则扬之，然后玉锵鸣也。故君子在车则闻鸾和之声，行则鸣佩玉，是以非辟之心无目入也……君子无故，玉不去身，君子于玉比德焉。"

《曲礼下》记仪容之以衣服为制者曰："天子视不上于袷（领），不下于带（诸侯视不平于面；大夫平面视；士视于五步之间）。凡视，上于面则敖，下于带则忧，倾则奸。"

《檀弓下》记载人因衣饰而受尊敬，谓"季孙之母死……曾子与子贡吊焉，阍人为君在，弗内也。曾子与子贡入于厩而修容焉"，阍人许他们进去，宾客也大加敬礼。所以"君子言之曰：尽饰之道，斯其行者远矣！"这话纵不必是曾子与子贡的事实，然当写《檀弓》的时候，总是已有这类世态炎凉的感受了。

（2）饮食

调食有八珍：淳熬（用稻），淳毋（用黍），炮，捣珍，渍（将牛肉片放酒中），为熬，糁（合牛羊豕三者），肝膋。饭之品有六：黍，稷，稻，粱，白黍。黄粱膳羞之豆有二十：祭时初行四豆为脾、臐、脄，牛炙；次行四豆，为肉酱（醢），切牛肉（牛胾），肉酱，肉（牛脍）；三行四豆，为炙羊肉，切羊肉，肉酱，炙豕肉；四行四豆为肉酱，切豕肉，芥酱，鱼脍；五行四豆为雉，兔，鹑，鷃。这虽不是日常食品，然总可以窥见当时所取的材料。外如稻黍粱所做之酒、蜗犬兔所做之羹，以及各时所宜食、配食所宜料，在《内则》均有详细的记载。

不食的几种东西有：雏鳖，狼之肠，狗之肾，狸之正脊，兔之尻，狐之首，豚之脑，鱼之乙（乙骨），鳖之丑（《内则》）。

至于普通食品的规定，《王制》与《玉藻》均曰："诸侯无故不杀牛，大夫无故不杀羊，士无故不杀犬豕，庶人无故不食珍（上之八珍）。"

《曲礼上》说："凡进食之礼，左殽（带骨），右胾（纯肉）；食居人之左，羹居人之右；脍炙处外，醯酱处内，葱渫（蒸葱）处末，酒浆处右，以脯修置者，左朐（中屈）右末。""羹有菜者，用梜；其无菜者，不用梜（箸）"。

"共食不饱，共饭不泽手。"

"毋抟饭，毋放饭，毋流歠，毋咤食，毋啮骨，毋反鱼肉，毋投与狗骨，毋固获。"

"毋扬饭（宜用梜，不宜扬取），毋絮（就器而调）羹，毋刺齿。毋歠醢；客絮羹，主人辞不能亨；客歠醢，主人辞以窭（按：贫寒）。"

"侍食于长者，主人亲馈则拜而食，主人不亲馈则不拜而食"；"侍饮于长者，酒进则起。拜受于尊所；长者辞，少者返席而饮；长者举未釂，少者不敢饮。"

（3）居住

聂氏所集注的《三礼图》已将明堂、宫寝、王城、九服等图说详明。至于普通居室的规画有斯蒂尔的图，凡《仪礼》所指各处，已都无遗。因不常见，特附于此。

当时席地而坐，席是生活中有重要地位的，故叙到席的地方颇多。向南向北的席，都以西方为上；向东向西的，都以南方为上。"若非饮食之客，则布席，席间函丈。主人跪正席，客跪抚席而辞。客彻重席，主人固辞。客践席，乃坐。""将即席，容毋怍；两手抠衣，去齐尺（下齐跪地一尺）；衣毋拨，足毋蹶"；"虚坐尽后，食坐尽前。"

居室图

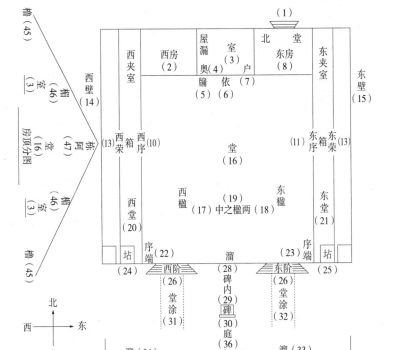

"奉席如桥衡"；设坐席，则问面向何方；设卧席，则问足向何方。"坐毋箕（按：指箕踞，屈膝张足而坐，带有一种轻慢态度），寝毋伏。"

"有忧者侧席而坐，有丧者专席而坐。"

"凡为长者粪（除秽）之礼，必加帚于箕上，以袂拘而退，其尘不及长者，以箕自向而扱之。"

"将上堂，声必扬；户有二屦，言闻（能闻）则入，言不闻则不入；将入户，视必下；入户奉扃，视瞻毋回；户开亦开，户阖亦阖。""侍坐于长者，屦不上于堂，解屦不敢当阶。"

以上都是举自《曲礼上》，类此的居室节目，举不胜举，此其要者。

（4）游行

行在道路，"男子由右，妇人由左，车从中央；父之齿随行，兄之齿雁行，朋友不相踰……君子耆老不徒行（必有乘）"（《王制》）；"斑白者不以其任行乎道路"（《祭义》）。

去国而游，不为人所赞成，故"国君去其国，则止之曰，奈何去社稷也？大夫曰奈何去宗庙也？士曰奈何去坟墓也？"（《曲礼下》）

"大夫士去国……踰竟为坛位，向国而哭。素衣，素裳，素冠，彻缘……妇人不当御，三月而复服"（《曲礼下》）；"大夫私行出疆，必请，反，必有献；士私行出疆，必请，反，必告；君劳之，则拜，问其行，拜而后对。"（《曲礼下》）

"仆御妇人，则进左手，后右手，御国君，则进右手，后左手

而俯（体以相向为敬）。国君不乘奇车，车上不广欬（按：咳的异体字），不妄指。"（《曲礼上》）

"客车不入大门，妇人不立乘（乘安车）……故君子式黄发，下卿位；入国不驰，入里必式。"（《曲礼上》）

王行有警备，前有变异，均举类以示，"前有水，则载青旌；前有尘埃，则载鸣鸢；前有车骑，则载飞鸿；前有士师，则载虎皮；前有挚兽，则载貔狳。"（《曲礼上》）

见游行，"入竟而问禁，入国而问俗，入门而问讳。"（《曲礼上》）

（5）什物

礼书关于丧用之物特详，《檀弓上》记棺各节，有"有虞氏瓦棺，夏后氏堲周（砖），殷人棺椁，周人墙置翣（按：shà，古代出殡时的棺饰）"；周人用殷棺葬长殇（十六岁至十九岁），以夏棺葬中下殇（十二岁至八岁），以虞棺葬无服殇（七岁以下）。其他丧礼所用的东西，如掩、鬠笄、含贝、重、铭旌，著、輁轴、耒耜、遣车、筲、甒、功布、黼翣、柳车等等，均详《三礼图》，不备录。

射的侯（箭的）、鼓、弓、矢；投壶的壶矢、三马、钟、磬、埙；多种的圭玉、匏爵、鼎俎、尊彝，也详《三礼图》，列举几项，以见一斑而已。

什物的用法，见于《仪礼》者多，《礼记》者少。

斯蒂尔所制长度与容量表（原书第 xxiv 页）颇有实际用处，

译录如次：

甲、长度

1 寸＝指　　　　　　　　　6 尺＝弓

4 寸＝握，或扶　　　　　　6 尺＝步

8 寸＝只　　　　　　　　　8 尺＝仞

10 寸＝尺　　　　　　　　 8 尺＝寻

12 寸＝武，或迹（一脚长）　16 尺＝常

3 尺＝笴（箭长）　　　　　18 尺＝制

6 尺＝貍步

乙、容量

斗

5 斗　＝　笤

10 斗　＝　斛

16 斗　　　　　　＝籔

160 斗　　　　10 籔　＝秉

240 斗　　　　15 籔　　　＝车

4 秉　　＝笤

10 笤　＝稷

400 秉　　　　10 稷　＝耗

（6）职业

《周礼》所分职业甚详，如大司徒所颁之十二职事等，但不在本文范围之内。兹按《礼记》所及者，分析如次。

甲、分工

除士大夫另成阶级，俟详"政治"条外，士以下的阶级，"凡执技论力，适四方，裸股肱，决射御；凡执技以事上者：祝、史、射、御、医、卜及百工……不贰事、不移官，出乡不与士齿（在乡有族属的优待，出乡则不受平等待遇——不与士之阶级平等）"（《王制》）；季春之月"命工师令百工，审五库之量；金铁、皮革筋、角齿、羽箭干、脂胶丹漆，毋或不良"（《月令》）。

乙、贱艺

士以下的阶级，除不与士齿外，所作皆要切实用，不尚技巧，——岂但不尚而已，且有诛焉。《乐记》有："德成而上，艺成而下；行成而先，事成而后。"这是根本注重伦理的德行，看轻功利的艺能；这种传统的观念一直传到现在，被帝国主义的洋枪火炮轰了一阵，也不过弄了个"中学为体，西学为用""外国物质文明不算一回事，我们的精神文明超越一切"这类传统观念。结晶成民仪，真是不易拔除的东西。

对于技艺，既是很普遍地看不起，又不能免除技艺，那就只好专尚实用，不尚技巧。《月令》上说："百工咸理，监工日号，毋悖于时，毋或作为淫巧，以荡上心。"（《季春》）"命工师效功，陈祭器，按度程，毋或作为淫巧，以荡上心。必工致为上，物勒工名，以考其诚；工有不当，必行其罪以穷其情。"（《孟冬》）

虽然不许作淫巧，但淫巧的工，仍然不断，那就只有诛之一途。《王制》曰："作淫声、异服、奇技、奇器，以疑众，——杀。"

第五章　乐

（1）定义

"凡音之起，由人心生也：人心之动，物使之然也。感于物而动，故形于声；声相应，故生变；变成方，谓之音；比音而乐之，及干戚（武舞）羽旄（文舞），谓之乐。"（《乐记》）

乐之本，"在人心之感于物也：是故其哀心感者（感而哀者），其声噍以杀；其乐心感者，其声啴以缓；其喜心感者，其声发以散；其怒心感者，其声粗以厉；其敬心感者，其声直以廉；其爱心感者，其声和以柔。六者，非性也，感于物而后动"（同上）。

乐既本乎人心之感于物，故"诗，言其志也；歌，咏其声也；舞，动其容。三者本于心，然后乐器从之（金石丝竹，乐之器也）。是故情深而文明，气盛而化神；和顺积中，而英华发外，——惟乐不可以为伪"（同上）。

乐本是有组织的音，本无善恶是非之可言，因为有感而发，本是自然而无伪的。但儒家的习惯，无论什么东西，无论怎样自然，都非与以善恶是非之评价不可，如性有善恶之类，所以乐也不能逃出例外，因此，就将音分成德音与溺音，溺音谓之音，德音谓之乐。子夏答魏文侯说:"今君之所问者乐也,所好者音也。夫乐者与音相近而不同……夫古者,天地顺而四时当,民有德而五谷昌,疾疢(按:chèn,疾病)不作而无妖祥,此之谓大当(按:dàng,合宜,恰当)。然后圣人作为父子君臣以为纪纲;纪纲既正,天下大定。天下大定,然后正六律,和五声,弦歌诗颂,此之谓德音——德音之谓乐。……今君之所好者,其溺音乎?"发乎人情的乐,必得这么俟圣人作然后成功,则无伪的本色,完全失掉,完全与上边的定义不同。

《乐记》的"乐者,乐(满足)也"与"乐也者,情之不可变者也"颇可与《仲尼燕居》的"行而乐之,乐也"互相发明。礼(解作忠信时)既不必以"铺几筵,升降酌献酬酢"(节文的礼)为必要条件,则乐(解作心理态度时)也不必以"行缀兆,兴羽籥,作钟鼓(乐之有所凭借的表现,或有器的乐)"为必要条件(《仲尼燕居》,孔子答子张),不过普通说起来,礼总是节文,乐总是有组织的声音;因为节文之礼是人心之更间接的表现,乐是较直接的表现,故曰:"乐也者,动于内者也;礼也者,动于外者也"(《乐记》);"乐所以修内也,礼所以修外也"(《文王世子》)。乐即是心理的直接表现,礼(节文)即是由超有机(超乎生理与心理)的文化现象(广义的礼,就是文化全体),因而在行礼(节文)的人成为受制于社会文化而反应的东西,故曰:"乐也者,施也;礼也者,报也"(《乐记》);"礼也者,反其所自生(生于文化现象,回报以同样行为);乐也者,乐其所自成(得表现而满足)"(《礼器》);"乐由阳来者也(积极),礼由阴作者也(被动)。"旧解都将这几句解成,"礼所以答报所自生的祖先,乐所以喜幸为祖先所生",则与"言而履之,礼也;行而乐之,乐也",根本不相容纳了。

（2）作用

乐为人心感于物的结果（直感直发），不似礼教拘束之间接养成的习惯，故虽也受外面刺激而不妨其称为"施也"，所以要"慎所以感之者"（《乐记》）。"所以感之者"既佳，则乐便可涵养性情与思想。"钟声铿，铿以立号，号以立横，横以立武，君子听钟声，则思武臣；石声磬，磬以立辨，辨以致死，君子听磬声，则思封疆之臣；丝声哀，哀以立廉，廉以立志，君子听琴瑟之声，则思志义之臣；竹声滥，滥以立会，会以聚众，君子听竽笙箫管之声，则思畜聚之臣；鼓鼙之声欢，欢以立动，动以进众，君子听鼓鼙之声，则思将帅之臣。君子之听音，非听其铿锵而已也，彼亦有所合之也。"（《乐记》）

"致乐以治心，则易直子谅之心，油然生矣；易直子谅之心生则乐，乐则安，安则久，久则天，天则神。天则不言而信，神则不怒而威。"（《乐记》与《祭义》）

"乐者，心之动也（心理态度的乐，等于情感）；声者，乐之象也（能听到的物理的乐，等于前项的表现）；文采节奏，声之饰也。君子动其本，乐其象，然后治其饰，是故先鼓以警戒，三步以见方，再始以著往，复乱以饬归；奋疾而不拔，极幽而不隐；独乐其志，不厌其道，备举其道，不私其欲。是故情见而义立，乐终而德尊；君子以好恶，小人以听过——故曰，生民之道，乐为大焉。"（《乐记》）

"乐行而伦清，耳目聪明，血气和平，移风易俗，天下皆宁。"

乐是经，礼（制度文物）是纬，欲求大效，两者必兼。个人方面，"达于礼而不达于乐，谓之素；达于乐而不达于礼，谓之偏"（《仲尼燕居》）；社会方面，"乐者为同，礼者为异。同则相亲，异者相敬。乐胜则流，礼胜则离。合情饰貌者，礼乐之事也。……大乐必易；大礼必简。乐至则无怨，礼至则不争。揖让而治天下者，礼乐之谓也"（《乐记》）。

第六章 知识

（1）演化的认识

《礼运》说："昔者先王未有宫室，冬则居营窟，夏则居槽巢；未有火化，食草木之实、鸟兽之肉，饮其血，茹其毛；未有麻丝，衣其羽皮。后圣有作，然后修火之利，范金合土，以为台榭宫室牖户，以炮以燔，以亨以炙，以为醴酪；治其麻丝，以为布帛，以养生送死。"

《乐记》也说："五帝殊时，不相沿乐；三王异世，不相袭礼。"《大学》（第二章）也引《汤之盘铭》的"苟日新，日日新，又日新"，《康诰》的"作新民"，以及《诗经》的"周虽旧邦，其命维新！"。可见他们一方面认定社会的演变，一方面也在提倡意识的维新。

但这种观念，颇与《檀弓下》所载公肩假拿"鲁有初"的话来反对般提议用机将季康子之母柩放在椁里及《曲礼上》的"必则古昔，称先王"那种崇古的精神相冲突。不知哪一种观念在前？据我个人的臆测，总是前者在先，因为《盘铭》《康诰》《诗经》这些被称引的东西时代较早，无可疑议；而《曲礼》《檀弓》等好多零碎的记载，则大似后代腐儒那种婆婆妈妈的神气。

（2）对于宇宙的认识

宇宙是一个有机体，有人格的，故人可与天地并列为三，以匹其德。《礼运》说："天秉阳，垂日星；地秉阴，窍于山川；播五行于四时，和而后月生也；是以三五而盈，三五而阙。五行之动，迭相竭也；五行、四时、十二月，还相为本也。……故人者，天地之心也，五行之端也。""（因是）食味、别声、被色而生者也（味、声、色，都是天地五行中还相为官，还相为质的东西）。故圣人作则，必以天地为本，以阴阳为端，以四时为柄，以日星为纪，月以为量，鬼神以为徒，五行以为质，礼义以为器，人情以为田，四灵以为畜……故天不爱其道，地不爱其宝，人不爱其情；故天降膏露，地出醴泉，山出器车，河出马图；凤凰麒麟皆在郊椒，龟龙在宫沼；其余鸟兽之卵胎，皆可俯而窥也。"能与天地参的手段，就是"修礼以达义，体信而达顺"。

这种观念，一方面可以助人有勇气成功超象之用（transcendentalism），与天地万物为一体；中国民胞物与的精神，受赐于此的，当不在少。但在另一方面，则要引起好多有生观（animatism）的初始行为，如《曾子》问所载救日一节，即是一例："如诸侯皆在而日食，则从天子救日，各以其方色与其兵"。日食是以为阴阳易位了，故用代表各方的诸侯以各方之色（东方衣青，南方衣赤……）与各方之兵器（东方用戟，南方用矛……）来厌胜一下子，那就是一行巫术。至于现在，民间这类巫术的方式虽然不同（因为不是诸侯，且有古今之变），救日的风俗，则尚依然存着，即有政府的明令禁止，也属无效。这一方面，受赐于那种观念与记载的，当也不少。

（3）对于地理的认识

《王制》载："凡四海之内九州，州方千里，州建百里之国三十，七十里之国六十，五十里之国百有二十——凡二百一十国"；"八州，州二百一十国；天子之县内（其除一州）方百里之国九，七十里之国二十有一，五十里之国六十有三——凡九十三国"；"凡九州，千七百七十三国。"天子："千里之内曰甸，千里之外曰采，曰流。"

地理之关于节候者，《月令》言之颇详，凡每月宜行之事，莫不列举。其有关于农业者，则在季冬，"令告民出五种，命农计耦耕事，修耒耜，具田器……专而农民，毋有所使"；在孟夏，"命农勉作，毋休于都……驱兽，毋害五谷，毋大田猎……聚畜百药靡草死，麦秋至……蚕事毕"。

第七章　宗教与仪式

（1）育子

甲、生产以前

《内则》记载说："妻将生子，及月辰，居侧室（无侧室者，夫出居群室），夫使人日再问之。"夫若自己去问，"妻不敢见，使姆衣服而对"。

"妾将生子，及月辰，夫使人日一问之。"

庶人无侧室的，除居群室以外，也一样要问候。

乙、降生以后

"子生，男子设弧（弓）于门左；女子设帨（巾）于门右。"

做父亲的仍使人一天问候母亲三遍，而且要斋戒，不入侧室的门。

丙、接子与名子

孩子若是国君的世子（长适子），接以大牢（牛）之宴。宰夫准备什物。第三天，用卜法选抱孩子的人，中选的要"宿齐，朝服寝门外，诗（承）负之。射人以桑弧、蓬矢六射天地四方"。此后保姆将孩子接过去。宰夫用醴给抱孩子的人，而且用束帛酬谢他。

"凡接子择日，冢子则大牢，庶人特（一个）豚，士特豕，大夫少牢，国君世子大牢，其非冢子则皆降一等。"（《内则》）

到三月的末了，择日为孩子剪发，留有不剪处（鬌）：男孩子留着两旁当角之处，女孩子留着顶三十字形（羁）。这一天"妻以子见于父。贵人则为衣服，由命士以下皆漱澣（洗涤），男女夙兴，沐浴衣服"，如朔食礼（天子大牢，诸侯少牢，大夫特豕，士特豚）。"夫入门升自阼（东）阶，立于阼，西乡（向）。妻抱子出自房，当楣立，东面。"（同上）

"姆先，相曰：'母某敢用时日，祗见孺子'。夫对曰：'钦，有帅（敬教之）'，父执子之右手，咳而名之。妻对曰：'记，有成（当记夫言，教之有成），'遂左还授师（子之师）。子师辩告诸妇诸母（以孩子之）名。妻遂适寝，夫告宰名，宰辩告诸男名，书曰'某年某月某日某生'而藏之。宰告闾史，闾史书为二，其一藏诸闾府，其一献诸州史。州史献诸州伯，州伯命藏诸州府。夫人，食如养礼。"（同上）

庶人子见父之礼也一样。

"则命士以上及大夫之子旬而见。"

天子诸侯，未与夫人礼食之前即见，见"必执其右手。适子庶子，已食而见，必循其首"。

"适子庶子，见于外寝，抚其首，咳而名之。"礼与上同，但没有说辞。

众子则不必君亲身命名，可"使有司名之"。

父若在而见于祖，"祖亦名之，礼如子见父，无辞"。

"凡名子，不以日月，不以国，不以隐疾。大夫士之子，不敢与世子（君之承继者）同名。"

丁、抚养

养孩子要别备育儿室，在诸母及其他妇人中，选"宽裕、慈惠、温良、恭敬、慎而寡言者，使为子师；其次为慈母；其次为保姆，皆居子室。"他人无事，不能擅入育儿室。

"大夫之子有食母，士之妻自养其子。"

"子能食食，教以右手。"能言的时候，男孩要干脆（唯），女孩要婉顺（俞）。小囊盛帨巾的，男孩用革，女孩用丝。

关于教育方面，因岁数而不同，详"教育"条。

（2）冠笄之礼

人不成年，不被看作资格全称的人，不过附带生活于成人之胯下而已，权利义务都不平等。及到一定年龄，青年男女，在原始社会里，多要经过一种繁缛的仪式，然后才算正式的人。这种仪式，与教门之受戒相当，缘原始社会所宝贵的主要文化因素，也是假的科学或流产的艺术①，那就是巫术，所以也非经过正当手续受了入社典礼（initiated）不足以为成人而获该项文化遗业②。

这样仪式之在中国社会，于男青年就叫作"冠礼"，于女青年就叫作"笄礼"。不过这种民风，传到写礼的时代已经净化了（sublimed）好多，原始的含义，诸多晦暗。至于正式所托载的意义，也是当时凭着写礼的人加上去的推理，不一定与原始意义不相出入。

行这种礼的年龄，在男为二十岁："男子二十冠而字"（《曲礼上》）；"二十而冠始学礼，可以衣裘帛，舞大夏，惇行孝弟，博学不教，内而不出"（《内则》）。在女子为十五岁："十有五年而笄"（《内则》）；"女子许嫁，笄而字"（《曲礼上》）。十五以上，"虽未许嫁，年二十而笄礼之"（《杂记下》）。

甲、仪式

冠笄的仪式，礼书载冠礼甚详，载笄礼不过寥寥几个字，附带及之，或亦写礼之人有重男轻女的关系，否则笄礼与冠礼差不多，故从略了。冠礼除《礼记》散碎记载外，有《仪礼》的《士冠礼》满篇。详细手续，因篇幅有限，不便遍举，其主要条目有：筮日，告宾，筮宾，约宾，定时刻，陈设衣具，迎宾，行始加礼，再加，三加，以酒祝冠者，见母，命字，宾出至更衣处，见兄弟姑姊（不言妹），见乡大夫乡先生，以酒祝宾。告宾的对话是："戒宾曰：'某有子某，将加布于其首，愿吾子之教之也。'宾对曰：'某不敏，恐不能共事，以病吾子，敢辞。'主人曰：'某犹愿吾子

---

① Frazer, *Golden Bough*, Chapter III, "Sympathetic Magic".
② Malinowski, *Sex and Repression in Savage Society*. pp. 257—258.

之终教之也。'宾对曰：'吾子重有命，某敢不从？'"临期再约一下，宾就准时到场。始加礼的祝词是："令月吉日，始加元服，弃尔幼志，顺尔成德。寿考惟祺，介尔景福。"行再加礼又祝曰："吉月令辰，乃申尔服。敬尔威仪，淑慎尔德。眉寿万年，永受胡福。"三加礼的祝词是："以岁之正，以月之令，咸加尔服；兄弟具在，以成厥德。黄耇无疆，受天之庆。"祝酒的时候，也有祝词。及到命之字，又祝曰："礼仪既备，令月吉日，昭告尔字。爰字孔嘉，髦士攸宜。宜之于假，永受保之！"（以上《仪礼·士冠礼》）

女子的笄礼，颇少记载，只有《杂记下》说二十而笄的时候，是"妇人执其礼，燕则鬈首"。陈澔《集说》*曰："妇人执其礼者，十五许嫁而笄，则主妇及女宾为笄礼；主妇为之著笄，女宾以醴礼之。未许嫁而笄者，则妇人礼之，无主妇女宾，不备礼也。燕则鬈首者，谓既笄之后寻常在家燕居则去其笄而分发为鬈纷之形也：此为未许嫁，故虽已笄，犹为少者处之。"

乙、意义

冠笄之礼在社会学上的意义，已如上述。《礼记》所载，尚有数条可言。

"凡人之所以为人者，礼义也。礼义之始，在于正容体，齐颜色，顺辞令。……故冠而后服备，服备而后容体正、颜色齐、辞令顺。故曰：冠者，礼之始也；是故古者圣王重冠。"（《冠义》）

"适子冠于阼，以著代也；醮于客位，加有成也；三加弥尊，喻其志也；冠而字之，敬其名也。"（《郊特牲》）

---

　　*　即《礼记集说》。

"古者冠礼，筮日筮宾，所以敬冠事；敬冠事所以重礼；重礼所以为国本也……三加弥尊，加有成也；已冠而字之，成人之道也。见于母，母拜之；见于兄弟，兄弟拜之，——成人而与为礼也。玄冠玄端，奠挚于君，遂以挚见于卿（《仪礼》作"乡"）大夫、乡先生，以成人见也。成人之者，将责成人之礼焉也。责成人之礼焉者，将责为人子、为人弟、为人臣、为人少者之礼行焉。将责四者之行于人，其礼可不重与？故孝弟忠顺之行立，而后可以为人。可以为人，而后可以治人也。故圣王重礼。故曰：'冠者，礼之始也'，嘉事之重者也。是故古者重冠，重冠故行之于庙。行之于庙者，所以尊重事，尊重事而不敢擅重事。不敢擅重事，所以自卑而尊先祖也。"（《冠义》）

（3）婚嫁

甲、仪式

男女到了婚嫁之年，则要结婚。婚嫁之年，男子是三十，女子是二十，有缘故而迟嫁的，到二十三岁也要嫁（《内则》）。

男女配偶的资格，是不同姓（《曲礼上》）。"买妾不知其姓，则卜之。"

接《仪礼·士昏礼》所载的议婚的手续是：遣媒通辞（下达），用雁送礼（纳采），执雁请问女名（问名）；议婚人问名的时候，女家之长要用醴给宾（醴宾）；问名而后，卜而吉，则返告女家（纳吉），这时候也"用雁，如纳采礼"。纳吉而后，男家更送黑红丝一束（束帛）和鹿皮一对（俪皮）与女家，叫作"纳徵"。纳徵而后，再问合婚之期（请期）；这时也"用雁。主人辞，宾许。告期如纳徵礼"。

及到婚期，则将器皿肉食摆出，陈设都有规矩。"父醮子，命之曰：'往迎尔相，承我宗事，勖帅以敬先妣之嗣，若（汝）则有常！'子曰：'诺，唯恐弗堪，不敢忘命。'"于是新郎装束起来，乘在黑漆车上，有二车相陪；车前更有人拿着火把，与迎新妇之车，同到女家之门，这就叫做"亲迎"。在女家这一面，已有相当的陈设（时女次纯衣，父醴而俟迎者）。婿至，岳迎于门外，西向两拜，婿东向答拜。岳导婿人，婿放下雁，两拜，走出，新婿即循西阶出俟于门，岳不再降东阶走送，但命女曰："戒之敬之，夙夜毋违命。"母与庶母也均嘱咐一番。妇乃就车，婿御妇车；轮三周，御者代，婿自乘先归。

及到男家，婿"揖妇以入"，设宴于奥共食（同牢），合卺。宴后，新郎脱去外服，交与滕侍；为妇除去缨饰。枕席既为两人备好，便将灯烛拿到外边而礼毕。

次早见舅姑，以枣栗一篮为见舅之礼，以有味道的干肉片（腶脩）一篮（笄）为见姑之礼，赞者以醴与妇。此后妇馈食于舅姑，"舅姑共享妇以一献之礼。"舅姑先降自西阶，妇降自阼阶。

"舅飨送者以一献之礼，酬以束锦，姑飨妇人送者，酬以束锦。"

"若不亲迎，则妇人三月"，婿始往见妇之父母。

昏礼不用乐，昏礼不贺（《郊特牲》），《曲礼上》虽有"贺取妻者曰，某子使某，闻子有客，使某羞（送礼助费）"，只是送礼助费，并不是贺昏。

嫁女之家，三夜不息烛；娶妇之家，三日不举乐（《曾子问》）。成婚三月，择日庙见，祭于祖，祝曰："某氏来妇。"既婚之后，未庙见以前，不算正式的妇；倘若在这时死去，"不迁于祖，不祔于皇姑……归葬于女氏之党"（《曾子问》）。

乙、意义

《哀公问》引孔子之言曰："天地不合，万物不生。大昏，万世之嗣也。"《昏义》说："昏礼者，将合二姓之好，上以事宗庙而下以继后世也。"婚嫁既是这样，则夫妇之事乃是达到目的的手段，不是目的本身；因为本身是"合二姓之好"，"事宗庙"和"继后世"，不是夫妇自己的快乐与享受。《祭统》所载似有男子求助以完成其事业的意思："既内自尽，又外求助，昏礼是也。"但所谓事业也不过是事宗庙。

纳采、问名、纳吉、纳徵、请期，"皆主人筵几于庙而拜迎于门外；入揖让而升，听命于庙，所以敬慎重、正昏礼也"（《昏义》）。

父与醮祝子，命其亲迎，"男先于女也"（《昏义》）；男先于女者，"刚柔之义也"（《郊特牲》）。

"子承命以迎，主人（岳）筵几于庙而拜迎于门外。婿执雁入，揖让升堂，再拜奠雁，盖亲受之于父母也"（《昏义》），而且，"执挚以相见，敬章别也。男女有别，然后父子亲；父子亲，然后义生；义生，然后礼作；礼作，然后万物安。无别，无义，禽兽之道也。"（《郊特牲》）

"降，出御妇车，而婿授绥，御轮三周，先俟于门外"（《昏义》），"授绥，亲之也（亲御妇车而受之绥），……敬而亲之，先

王之所以得天下也；出乎大门而先，男帅女，女从男，夫妇之义由此始也。"（《郊特牲》）

"妇至，婿揖妇以入。共牢而食，合卺而酳（食毕饮酒顺气），所以合体同尊卑，以亲之也。"（《昏义》）

次早见舅姑，"成妇礼也。舅姑入室，妇以特豚馈，明妇顺也"（《昏义》）。

"舅姑共飨妇以一献之礼……舅姑先降自西阶，妇降自阼阶，以著代也。"（《昏义》）舅姑走西阶居客位，使妇坐东阶居主位，意思是下一辈人要成家做主人，上一辈就以客自居了。

这些为妇所有的礼，都是要加重妇顺的责任，妇顺就是："顺于舅姑，和于室人，而后当于夫，以成丝麻布帛之事，以审守委积盖藏。"（《昏义》）

不用乐的缘故，因为乐是"阳气"而婚则"幽阴义也"。不贺的缘故，因为以下辈代上辈未免可悲而不可乐（《郊特牲》）。嫁女之家，三夜不息烛，也是对于相离的思想觉得可悲。（《曾子问》）

女家舍不得女嫁出去，这在父方制（patrilocal）的中国婚姻，当然是很自然的。

儒家对于婚嫁的观念，虽有《礼运》的"饮食男女，人之大欲存焉"这样对于生理需要的承认，但根本思想则是传种这生物学的目的。至于恋爱与否，有无快感，这些心理情形，那是不加理会的。只要夫妇住在一起，执行家庭所有的社会职务（承先，启后，合两家之好——注意，不是合二人之好）就好。不过两人能够合作，若不靠着爱情，必要设备另个机械，这机械就是敬。维持敬的手段，就是有别。凡此，都在以上所引的文句里可以见到。

注重敬而不注重爱，用心理学的眼光看来，也未始不是创造爱的很好方法。所以真能实感礼教之神髓的中国旧式家庭，也未始没有"相敬如宾"那样净化的家庭生活。因为两方多少要客气些，而且不将自身的初始欲望看得很重，当然要发生圣洁美善的情感。近代所说的永在创造的爱（creative love）使爱情不致丧在结婚过程上，当也不外这种法门，这真无怪国粹家夸赞我们自己的文明高。不过，这种神髓，不是浅化的人所可易于几及的。男人毫不客气地强迫女人履行妇顺，女人也就毫无意识地被人践踏，爱既未曾有过，敬与别也都被不客气的习惯所取消，则又怎怪中国普通家庭生活之阴惨呢？

（4）丧葬

甲、葬前

人死，"在床曰尸，在棺曰柩"（《曲礼下》）。

对于尸有五事：招魂（复），开齿（楔齿），束足令直（缀足），在口中放上饭和贝（饭），小殓覆衾（设饰），堂上设帷（帷堂）。（见《仪礼·士丧礼》与《礼记·檀弓上》）

同时在棺上刻铭曰"某氏某之柩"（《士丧礼》）。

洗尸而后装殓，小殓于户内，大殓于东阶。

第三日行殡礼（入棺）。

《檀弓下》记载为尸加饰的理由是："人死，斯恶之矣；无能也，斯倍之矣，是做制绞衾，设蒌翣，为使人勿恶也。"这也可以说是对于加饰之起源的说法。至于儒家对于这事的态度，则是

子思所说："丧三日而殡，凡附于身者，必诚必信，勿之有悔焉耳矣。"（《檀弓上》）

殡后第一日成服杖，朝夕哭奠，行朔奠，然后乃筮葬地，检椁材与明器，卜葬。

乙、葬

葬于北方北首，因为北方是幽阴之地（《檀弓下》）。葬就是藏的意思，古时葬于墓，而不复隆起为坟。坟高四尺，始自孔子（因为他要周游，所以要加记识）。葬的时候仪制依死者的身份而定，与生者的身份无关。（《王制》）

丙、葬后

既葬而封土，乃反哭，当日设虞（安）祭。虞祭是卒哭之祭，已变丧奠而为吉祭，是为成事。次日奉主入庙，祔于祖父（《檀弓下》）。

居亲丧的人对于死者，"始死，充充如有穷；既殡，瞿瞿如有求而弗得；既葬，皇皇如有望而弗至；练（一年）而慨然（叹日月之速）；祥（二年）而廓然（情意寥廓）"（《檀弓上》）。

但居丧者因为与死者的亲疏，而有缌麻（三月）、小功（五月）、大功（九月）、齐衰（二等亲一年，三等五月，四等三月）、斩衰（名三年，实二十五月，专为一等亲）等服。关于丧服，Legge 在 S. B. E. 第 27 卷[*]，第 208 页以后六个图解，颇为详细，

---

[*]　即 James Legge, *The Sacred Book of the East*, Vol. 27, 1885。

一为男服丧表，二为妇人服丧表，三为妇人为娘家服丧表，四为男人为外祖家服丧表，五为男人为岳家服丧表，六为妾为娘家服丧表。

居三年之丧者，始死三日，水浆不入口，杖而后能起（《檀弓上》）。"毁瘠不形（不露骨），视听不衰，升降不由阼阶，出入不当门隧……头有创则沐，身有疡则浴，有疾则饮酒食肉，疾止复初。不胜丧乃比于不慈不孝。"（《曲礼上》）居丧者"言而不语（自言己事，不为人论说），对而不问，庐垩室之中，不与人坐焉，在垩室之中，非时见乎母也，不入门"（《杂记下》）。

居丧所重，"敬为上，哀次之，瘠为下，颜色称其情，戚容称其服"（《杂记下》）。"毁不危身，为无后也"（《檀弓下》）。《杂记下》也有："丧食虽恶必充饥。饥而废事，非礼也，饱而忘哀，亦非礼也。视不明，听不聪，行不正，不知哀，君子病之。……毁瘠为病，君子弗为也。毁而死，君子谓之无子。"

丁、丧义

丧礼称情而施，其精微处，已详礼之理论"诗的态度"条，此不复赘。其无过不及的办法，即在毁形等事，已可概见。专记不及的例子，有《檀弓上》有子的"盖既祥而丝屦组缨"趿而及之的，有子张的"先王制礼，不敢不勉焉"；过的有子路的"有姊之丧，可以除之矣，而弗除也"，伯鱼的"母死，期而犹哭"，曾子的"水浆不入于口者七日"，弁人的"母死而孺子泣"；俯而就之的，有子夏的"先王制礼，弗敢过也"。

此外关于丧礼的总论，有《三年问》："三年之丧何也？曰，称情而立之，因以饰群，别亲疏贵贱之节，而弗可损益也。故曰，无易之道也。创巨者其日久，痛甚者其愈迟，三年者，称情而立文，所以为至痛极也。斩衰苴杖，居倚庐，食粥，寝苦，枕块，所以为至痛饰也。三年之丧，二十五月而毕，哀痛未尽，思慕未忘，然而服以是断之者，岂不送死有已，复生有节也哉？凡生天地之间者，有血气之属必有知，有知之属，莫不知爱其类。今是大鸟兽则失丧其群匹，越月逾时焉则必仅巡过其故乡，翔回焉，鸣号焉，蹢躅焉，踟蹰焉，然后乃能去之。小者至于燕雀，犹有啁噍之顷焉，然后乃能去之。故有血气之属者，莫知于人，故人于其亲也，至死不穷……三年之丧，二十五月而毕，若驷之过隙，然而遂之，则是无穷也。故先王焉为之立中制节，一使足以成文理，则释之矣。"

守丧之礼，近已不可履行，论者以为人心不古，不复能尽孝道，不知此乃生活条件使然，古代生简事稀，在家里埋头三年，算不了怎样一回事，反正他们的事也是大半在家里办，用不着出多少门的。即做官的人，也可服除而后，官复原职，用不着为饭碗子发愁。及到近代，则生事日繁，绝无闲工夫守上三年丧。试想任何一件事，倘若完全停顿三年，尚成什么情形？而且，有一定职业的人，倘若丁忧三年，什么职业也丢掉了。所以即使有人诚意地要居三年之丧，也是势所不能的。

丧礼之制在保持社会传统与治安上，在原始社会总该是个很大的进步。但若用在现世的日求进展的多变情形中，当然是阻障而无当于用了。因为原来所维持的是家族社会的治安，现代所要求的则是公民社会的治安和发展。

（5）祭祀

甲、祭之种类

祭先人的，有虞祭（用以安神位），行于既葬返哭的时候；有练祭，行于小祥，行于死后十二月；有大祥，行于第二年之末；有禫祭，行于大祥后间一月，意思是澹然平安，因为此祭而后，就完全除服了。普通宗庙之祭，在天子有春礿，夏禘，秋尝，冬烝。禘有乐，尝无乐，因为禘是养阳气的，尝是养阴气的，而且声都属于阳（《郊特牲》）。天子将出的时候，要在父庙行祭，叫做造（《王制》）。祖先以外之祭，天子祭天地四方、名山、大川、五祀（门、行、户、灶、中雷），与"因国在其地而无主后者"；诸侯除天地四方外，与天子同，其名山大川则限于在其地者；大夫只祭五祀；士除祖先外，无所祭。（《曲礼下》与《王制》）郊祭祭于郊以迎长日，"大报天而主日也：兆于南郊，就阳位也，扫地而祭；于其质也，器用陶匏，以象天地之性也"（《郊特牲》）。社祭，"祭土而主阴气也，君南乡于北墉下，答阴之义也；日用甲，用日之始也"。蜡祭，"天子大蜡八（八神是先啬、司啬、农、邮表畷——督耕者、猫、虎、堤坊、水庸——水沟、昆虫）……蜡也者，索也；岁十二月合聚万物而索享之也……蜡之祭，仁之至，义之尽也。"此外，类宜二祭，是"天子将出，类乎上帝，宜乎社"；柴祭，是在天子出巡的时候，焚柴"而望祀山川（泰山）"；祃祭，是天子出征，"祃于所征之地"（《王制》）。

祖先以外之有受祭资格的人，其选择标准，《祭法》所载的是"法施于民则祀之，以死勤事则祀之，以劳定国则祀之，能御大菑则祀之，能捍大患则祀之"。所举的例是：厉山氏有子曰农，能殖百谷，祀以为稷；共工氏有子曰后土，能平九州，故祀以为社……对于非人类所以要祭的礼由是："日月星辰，民所瞻仰也；山林川谷丘陵，民所取财用也。"除了这等标准以外的，"不在祀典"。

"凡祭，有其废之，莫敢举也；有其举之，莫敢废也；非其所祭而祭之，名曰淫祀。淫祀无福。"（《曲礼下》）《祭义》又说："祭不欲数，数则烦，烦则不敬；祭不欲疏，疏则怠，怠则忘。"

"父不祭子，夫不祭妻。"（《曲礼上》）

乙、祭之准备

在人的方面，"及时将祭（祭先），君子乃齐。齐之为言齐也，齐不齐以致齐者也……及其将齐也，防其邪物，讫其嗜欲，耳不听乐（不敢以乐散志）……心不苟虑，必依于道；手足不苟动，必依于礼……故散齐七日以定之，致齐三日以齐之；定之谓齐。齐者，精明之至也，然后可以交于神明也……夫人亦散齐七日，致齐三日……夫人荐涗水，君执鸾刀羞哜，夫人荐豆，此之谓夫妇亲之"；"夫妇亲之，所以备外内之官也"。（《祭统》）夫妇而外，有人代表祖先，叫作尸，"尸神象也"（《郊特牲》）；有人司祝，"将命也"；有人为相以助，但他并不需要做什么，因为是"主人自致其敬，尽其嘉，而无与让也"。

在物的方面，"祭用数（岁入）之仂（十分之一）"（《王制》）；"丰年不奢，凶年不俭"；"比时具物，不可不备"（《祭义》）。"天子以牺（纯色）牛，诸侯以肥牛（自养者），大夫以索牛（外求者），士以羊豕"（《曲礼下》），"大夫士宗庙之祭，有田则祭（常礼），无田则荐（临时）。庶人春荐韭，夏荐麦，秋荐黍，冬荐稻；

韭以卵，麦以鱼，黍以豚，稻以雁"（《王制》）。至于祭器，大夫
不准外假，"祭器未成，不造燕器"（《王制》），凡"无田禄者不设
祭器"（《曲礼下》）。

丙、祭之处所

祭先的地方，贵族有庙，"庶士、庶人无庙，死曰鬼"（《祭
法》）。关于庙，王有七：始祖庙（祖考庙）一，祧庙二，高祖、
曾祖、祖、考凡四庙。祧庙而外，皆一月一祭。亲尽则祧（迁），
以其去远，故远庙为祧，二祧庙，只在春礿秋尝时始祭。再远而
去祧，为坛（起土）以祭；又远而去坛，为墠（除地）以祭。祭坛
墠，必在国有祈祷之事的时候；再远而去墠，则祷祀所不及，只名
为鬼。不过所谓祧，所谓远，都是始祖以下的；始祖百世不迁。诸
侯立五庙，一坛，一墠。大夫立三庙，二坛。适士二庙，一坛。官
师一庙，只有考庙。（以上均见《祭法》）无庙为鬼的，可以祭于
寝。（《王制》）祭于寝的办法，按《郊特牲》："周人……诏祝于室，
坐尸于堂，用牲于庭，升首（牲之首）于室。"其因祭类不同而异
地点者："直祭（荐熟）祝于主；索祭，祝于祊。不知神之所在，
于彼乎？于此乎？或诸远人乎？——祭于祊，尚曰求诸远者与？"
祖先以外所祭地点，各因所祭之类而分别之。

丁、祭之理论

第一，祭是礼教之本："凡治人之道，莫急于礼；礼有五经，
莫重于祭。夫祭者非物自外至者也，自中出，生于心也。心怵而

奉之以礼","祭有十伦焉：见事鬼神之道焉；见君臣之义焉；见父子之伦焉；见贵贱之等焉；见亲疏之杀焉；见爵赏之施焉；见夫妇之别焉；见政事之均焉；见长幼之序焉；见上下之际焉。"这都见于《祭统》，以下尚有十伦的例证，太多，不备录。

第二，祭是自尽其心："文王之祭也，事死者如事生，思死者如不欲生；忌日必哀，称讳如见亲……祭之日，乐与哀半，飨之必乐，已至必哀。"祝以孝告，"以其恍惚以与神明交：'庶或飨之，庶或飨之！'孝子之志也。"（以上见《祭义》，其详已见论礼之"诗的态度"条，不多举。）

第三，"祭有祈焉"（《郊特牲》）。上所引证，有祈则祭的去处，已经很多。其曰"淫祀无福"，显然是要因正祭而福。蜡祭的祝辞，更为显明："土反其宅，水归其壑；昆虫毋作，草木归其泽"。（《郊特牲》）《月令·孟秋》*也有："天子乃祈来年于天宗。"不过这等观念，后来经人净化过，所以有《礼器》的"祭祀不祈"，《祭统》的"贤者之祭也，必受其福，——非世所谓福也。福者，备也；备者，百顺之名也。无所不顺者谓之备，言内尽于己，而外顺于道也。"这更使人看出，即在一部记载之中，已经表现不同的思想；将求福的观念，转变成了自尽其心，转变成了前引对礼的"一般的理论"中"第九"所说的忠于概念。

第四，祭"有报焉"，"万物本乎天，人本乎祖，此所以配上帝也。郊之祭也，大报本反始也。"（《郊特牲》）以前所引，凡在祀典所祭的，也都是答报的意思。"古之君子，使之必报之。迎猫，为其食田鼠也；迎虎，为其食田豕也。迎而祭之也。祭坊与

---

* 疑有误，似应为《月令·孟冬》。

水庸，事也（利农事）。"*

第五，祭"有由辟焉"（弭灾兵，远罪疾之类）。（《郊特牲》）这一条，实例不多见，只有蜡祭祷词中的"昆虫勿作"，和《仪礼》中"士疾病祷五祀"两处颇不显著的说法。前所引"怵而奉之以礼"，也暗示给我们，祭的原因之一，必是因为有了畏惧之情。以农业为主的社会，见到节候之变，必要发生深切的情感，因求所以警备，特别是在秋天"霜露既降……必有凄怆之心"；纵然《祭义》的记者辩解着说"非其寒之谓也"，也是后加的意思了。

第六，制祭以愚畏黔首，《祭义》说："众生必死，死必归土……骨肉毙于下，阴为野土；其气发扬于上，为昭明，焄蒿（气上蒸衰然）凄怆（使人悚然）——此百物之精也……因物之精，制为之极，明命（正式称为）鬼神，以为黔首。则百众以畏，万民以服。"

第七，因祭可以得到相当的社交与娱乐。《杂记下》说："子贡观于蜡，孔子曰：'赐也，乐乎？'对曰：'一国之人皆若狂，赐未知其乐也。'子曰：'百日之蜡，一日之泽，非尔所知也。张而不弛，文武弗能也，弛而不张，文武弗为也，一张一弛，文武之道也。'"

第八，祭可以为民表率，达到德化的治平。儒家思想，颇属功利主义，在一切人生节目上，都可达到治平的目的，祭不过一端而已。《祭统》上说："禘尝之义大矣！——治国之本也，不可不知也。明其义者，君也；能其事者，臣也……夫义者，所以济志也，诸德之发也。是故其德盛者，其志厚；其志厚者，其义章；其义章者，其祭也敬。祭敬则竟内之子孙，莫敢不敬矣。是故君子之祭也，必身亲莅之……其德薄者，其志轻。疑于其义而求祭，使之必敬也，弗可得矣。祭而不敬，何以为民父母矣？"

---

* 此处出自《郊特牲》。

第九，祭是鬼神之德与人以灵感（inspiration）的结果。《中庸》引孔子的话说："鬼神之为德，其盛矣乎！视之而弗见，听之而弗闻，体物而不可遗——使天下之人齐明盛服，以承祭祀，洋洋乎如在其上，如在其左右。诗曰：'神之格思，不可度思，矧可射思？'夫微之显，诚之不可揜，如此夫！"（第十六章）

（6）卜筮

"龟为卜，筴（策）为筮。卜筮者，先圣王之所以使民信时日，敬鬼神，畏法令也；所以使民决嫌疑，定犹与（豫）也。故曰，疑而筮之，则弗非也。日而行事（卜日而作事），则必践之。"（《曲礼上》）

用龟时则向龟说："为日（为择日），假尔泰（尊称）龟有常；"用筮则向筮说："假尔泰筮有常。"卜筮而后，见示结果，当即照办，即不信再占，也不能超过三遍。既用卜，则不用筮；既用筮，则不用卜。不可既用这个，又用那个，使其效用相袭。（见《曲礼上》）

卜筮的应用，几于个个礼节上都有地位，如冠礼之"筮日"、"筮宾"；婚礼之卜而"纳吉"，卜而"请期"；丧礼之筮葬地，筮葬日，筮尸；特牲馈食礼之筮日，筮尸；少牢馈食礼之诹日而筮与筮尸等载于《仪礼》者甚多。只有因着节气而行的定礼，用不着这一层，如"大享（冬至祀天，夏至祭地）不问卜"（《曲礼下》）是。

鬼神卜筮这些东西是要个人自用，或为民上者用的。他们尽量借以愚畏百姓都不要紧，在下头的却是不准谣言惑众的。《王制》说："假于鬼神，时日，卜筮以疑众，杀！"这话若不是说只许为民上的用或个人不正式的用，在下头的不准用或不准鼓吹着用，就是《王制》较《礼记》其他言这些东西的部分，时代较晚，理性的政论代替了神秘的政论；知识分子纵然用法律来禁止，无知识的群众依然坚守固有的民风而不歇——就像现在国法禁止迷信之祀，而同时悟善社等团体依然盛行，大委员官僚们也要以个人资格到里面焚焚香扶扶乩一样。

（7）其他信仰

甲、梦

梦兆与天子的超自然的能力。"文王谓武王曰：'女何梦矣？'武王对曰：'梦帝与我九龄。'文王曰：'女以为何也？'武王曰：'西方有九国焉，君王其终抚诸？'文王曰：'非也，古者谓年龄，齿亦龄也。我百尔九十（预知岁数），吾与尔三焉（能随便加减岁数）'，文王九十七乃终，武王九十三乃终。"《文王世子》）

乙、人为天地心

人为天地心。《礼运》曰："人者，其天地之德，阴阳之交，鬼神之会，五行之秀气也"；"故人者，天地之心也。"

第八章　社会组织

（1）婚制

中国的婚制，是父系的（patrilineal）、父方的（patrilocal）、父权的（patriarchal）；单婚制与多妻的复婚制同时并用，且是族外婚制（exogarny）。

父系制，可由纪认宗亲法里看出，容详下条；在冠礼与婚礼也都屡次说"以著代也"，那自然是子代父，妇代姑。父方制这一层，可由亲迎之记载里看出，那是女人被迎到夫家的。父权制或家长制，可由父子的关系看清，容详下条。单婚制行于庶人，庶人的妻是"与之齐"的，"一与之齐，终身不改"。庶人也未必都守单婚制，富裕的总可娶妾。多妻的复婚制，率都行于自士而上的一切阶级，天子之妻有夫人、世妇、嫔、妻、妾这么多种（《曲礼下》）；据注述，夫人有三，嫔有九，世妇有二十九，御妻八十一，妾之数不详。诸侯以下，以次减少数目，最低也有妾。这种制度，好多我们都亲眼见过或依然存在，不必多说。

娶妻不娶同姓（《曲礼上》）的族外婚，因为姓的定义，很使我们疑心到起初婚制是母系的族外婚，后来因为母系变成父系，母系的族外婚也就随着变成父系的族外婚；因为"姓者，女所生也"*。从女生而受姓，当然是母系的。不过这已涉及前于礼书时代之原始社会的推测，不在本文范围之内，可以不谈了。

妇人出嫁，并不是嫁与个人为妻，实是嫁入丈夫之族作妇。因为不但不庙见不算得到正式妇人地位（《曾子问》），列祖的承认是非有不可的，而且夫妇两人的关系也是处处要被舅姑的意见所调处："子甚宜其妻，父母不说（悦），出；子不宜其妻，父母曰'是善事我'，子行夫妇之礼焉，没身不衰。"（《内则》）

离婚是片面的，只有怎样出妻，没怎样可使妇人提出离婚的理由（《郊特牲》："一与之齐，终身不改，故夫死不嫁"），虽在旁的书上曾有妻向丈夫求去的故事。出妻的根据，按《大戴礼·本命》是："不顺父母去，无子去，淫去，妒去，有恶疾去，多言去，窃盗去"；好在就举出几件可以不去的条件来，尚是补救的办法："有所取（娶）无所归不去，与更三年丧不去，前贫贱后富贵不去。"

不过这已足觇女人所处的地位了。其他有关女子之地位的记载有《士昏礼》：父送女的戒辞曰"戒之敬之，夙夜毋违命"；母的戒辞曰"勉之敬之，夙夜无违宫事"；庶母申以父母之命曰"敬恭听，宗尔父母之言，夙夜无愆，视诸衿鞶"。《郊特牲》更有："妇人者，从人者也。幼从父兄，嫁从夫，夫死从子。"

女人所被给的地位既如此，故其所受的教育也不出这一套："女子十年不出，姆教婉娩听从。执麻枲，治丝茧，织纴组紃，学女事以共衣服。观于祭祀，纳酒浆笾豆菹醢，礼相助奠……聘则为妻，奔则为妾。"（《内则》）不过，这一套不能归咎（或归功？）

---

* 此处出自许慎《说文解字》。

于儒家，因为儒家以前就已如此，《诗经·小雅·斯干》曰："乃生男子，载寝之床，载衣之裳，载弄之璋；其泣喤喤，朱芾斯皇，家室君王。乃生女子，载寝之地，载衣之裼，载弄之瓦；无非无仪，唯酒食是议，无父母贻罹。"

女人既被给了这种地位，又找着形而上学的根据说："……男先于女，刚柔之义也；天先乎地，君先乎臣，其义一也。"（《郊特牲》）但在儒家观点看来，女人这种地步，并不有损于人格，因那只是男女两方人之所以为人的概念不同罢了。只要尽了所被给与的职分，就算合乎人之概念，正如唱戏的只要达到艺术条件，不管所形容的是哪一流的人品。

总括来说，中国社会只有两种正式而确定的组织，那就是国与家——即国也不过是家的扩大，家的主是父，国的主是君。忠孝是人的大节，大节有亏，其他都是不值一提的。女人活动范围，只有家而无国，丈夫就是她的君。所以女在父家为处女，男不做官为处士；女受男聘而为相，男受君聘而为相。

（2）纪认宗亲法——宗法

纪认宗亲之法，全是由父传于长子，由长子传于长孙，由长孙传于长曾孙，由长曾孙传于长玄孙——由此一系相传，颇为简单。但长子而外，又有次子，叫作"别子"（别于适长子）；别子的后代，都以别子为始祖（不敢与长子同祖），凡别子的长子，长孙，长……都一系相承，百世不迁——是为"大宗"。别子除长子外，又有庶子（妾之子，别于适长子与适次子）；庶人之长子继庶子,那就是继"祢"(继于父);继祢的长子继祖,继祖的长子继曾祖,继曾祖的长子继高祖。这一系与该系之同父兄弟,共宗这庶子——是为"小宗",不过小宗里,玄孙之子,已与高祖无服,是谓"祖迁于上",那就是继高祖的儿子,不与庶子(小宗的第一代)有服。小宗各弟之为一从族人以至于三从族人者尚宗小宗,但到四从,则另为小宗,不复宗原来的小宗,是谓"宗易于下"。小宗之中因为必要"祖迁于上,宗易于下",不似大宗为一切族人永远所宗("百世不迁之宗"),故叫作"五世而迁之宗"。见附图表。

宗 法 图

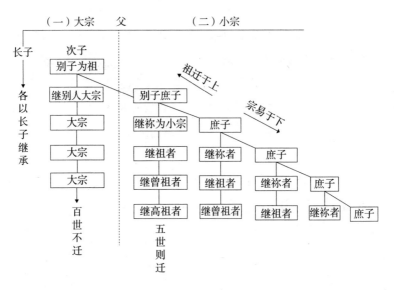

记宗法的原文,载在《丧服小记》与《大传》里,不加解释,不易了解;加了以上的解释,似又不必再抄原文了。程瑶田《宗法小记》说:"宗之道,事兄之道也,大夫士之家以兄统弟而以弟事兄之道也……继别者一人而为群弟之所宗也。由是继别者与其群弟各为其子之袮，而其子则各有一人为适，继其袮以各为其庶弟之所宗。"

这样纪认宗亲的意义，也归于崇祖，《大传》说："尊祖故敬宗。敬宗，尊祖之义也。"这么一来，更可推而广之，收成功治平之效。"人道亲亲也。亲亲故尊祖，尊祖故敬宗，敬宗故收族，收族故宗庙严，宗庙严故重社稷，重社稷故爱百姓，爱百姓故刑罚中，刑罚中故庶民安，庶民安故财用足，财用足故百志成，百志成故礼俗刑，礼俗刑然后乐。"（同上）

弟兄之间，因有适（妻所生）庶（妾所生）之分，长幼之分，故在宗法上的权利都不相同。《内则》所载："适子（普通适子）庶子，祗事宗子（适长子）宗妇，虽富贵，不敢以富贵入宗子之家；虽众车徒，合于外，以寡约入……若富，则具二牲，献其贤者于宗子，夫妇皆齐而宗敬焉，终事而后敢私祭（不能祭宗子之祖）。"《文王世子》上也说："庶子……虽有三命（之贵），不逾父兄。"

（3）社会关系

甲、君臣

君臣是很客气而有相互关系（reciprocity）的。臣只是君的相而已，不似后世那样绝对地奴颜婢膝。《文王世子》载："知为人臣，然后可以为人君，知事人，然后能使人"，这可见两方是颇同情而谅解的。

臣事君是怎样的呢？常例："比年一小聘，三年一大聘，五年一朝。"（《王制》）朝聘的仪式，详于《聘礼》与《觐礼》；节目有命使介、具币、释币、过邦、入境、郊劳、赐舍、戒觐日、行觐、行享、告听事、赐车服等，以太繁，不列举。

君而有失，则"为人臣之礼不显谏，三谏而不听则逃之"（《曲礼下》）。然这不如《檀弓上》所说较为亲切："事君有犯而无隐，左右就养有方（职守有定），服勤至死，方丧三年。"君臣的关系是为一定目的而结合的（functional-group），所以历来就有合则留、不合则去的精神。《檀弓下》载，宰夫杜蒉看见平公在知悼子卒而未葬的时候有师旷与李调为侍，钟鼓助其饮酒，便举酒罚旷与调，并以自罚，颇见君威不严的情形。

臣的责任，要看禄位大小以为大小。仕而未禄的，君死不为服（《檀弓下》），至若参与机要，则"谋人之军师，败则死之；谋人之邦邑，危则亡之"（《檀弓上》）。"四郊多垒"，是卿大夫的耻辱，士的耻辱，不过是"地广大，荒而不治"（《曲礼上》）。

君之于臣，则天子五年一巡守，二月东巡，五月南巡，八月西巡，十一月北巡。无事与诸侯相见，叫作朝（《王制》）。"天子适诸侯，必舍其祖庙（不能住在随便的地方）；而不以礼籍入，是谓天子坏法乱纪。诸侯非问疾吊丧而入诸臣之家，是谓君臣为谑，是故礼者君之大柄也……所以治政安君也。故政不正则君位危，君位危则大臣倍，小臣窃……礼无列则士不事也。"（《礼运》）

乙、父子

父子关系，普通说父慈子孝，但两书所载除孩子小时受教以及冠昏二事以外，父于成年之子是怎样的，并未提到什么。我们所能看见的只是子之对父的关系。

家常生活，父子不同席，为人子的要冬温，夏清，昏定，晨省；出则告，反则面；听于无声，视于无形（《曲礼上》）；"就养无方"（随机应变）（《檀弓上》）。在父母之前，"寒不敢袭，痒不敢搔；不有敬事，不敢袒裼"（《内则》）；"父命呼，唯而不诺，手执业则投之，食在口则吐之，走而不趋。亲老，出不易方，复（返）不过时"（《玉藻》）。

父母有疾，则其子"冠者不栉，行不翔，言不惰，琴瑟不御，食肉不至变味，饮酒不至变貌，笑不至矧（争辩），怒不至詈（责骂）"（《曲礼上》）；"饮药，子先尝之；医不三世，不服其药"（《曲礼下》）。《文王世子》举武王为例说："文王有疾，武王不说（脱）冠带而养，文王一饭亦一饭，文王再饭亦再饭，旬有二日乃间。"

父母有过，"三谏而不听，则号泣而随之"（《曲礼下》）；谏的时候，要"下气怡色柔声以谏；谏若不入，起敬起孝，说（悦）则复谏，不说，与其得罪于乡党州闾，宁孰谏？父母怒不说而挞之流血，不敢疾怨，起敬起孝"（《内则》）。不过父母有过则谏，乃是对于外人不合式的时候；若于自己，则要"有隐无犯"（《檀弓上》）。申生对于其父献公的例，正是极端的隐而无犯："晋献公将杀其世子申生，公子重耳谓之曰：'子盍言子之志于公乎？'世子曰：'不可，君安骊姬，是我伤公之心也'，曰：'然则盍行乎？'世子曰：'不可，君谓我欲弑君也，天下岂有无父之国哉？吾何行如之？'"（《檀弓上》）

孝父母，敬爱及于父母所爱的人或物，及于父母之没："子不宜其妻，父母曰：'是善事我'，子行夫妻之礼焉，没身不衰。""父母有婢子，若庶子，庶孙，甚爱之，虽父母没，没身敬之不衰"

"孝子之养老也，乐其心，不违其志，乐其耳目，安其寝处，以其饮食忠养之。孝子之身终。终身也者，非终父母之身，终其身也。是故父母之所爱亦爱之，父母之所敬亦敬之，至于犬马尽然，而况于人乎？"(《内则》)

子的身体与自由，父母在的时候，固属不为己有，即父母已死，也因代表父母的遗体，心要站在父母的立场来行事，依然不能自行己见，所以《曲礼上》说："不登高，不临深，不苟訾，不苟笑……惧辱亲也；父母存，不许友以死，不有私财"；《内则》说："父母虽没，将为善，思贻父母令名，必果；将为不善，思贻父母羞辱，必不果。"这种根据是孔子说的："夫孝者，善继人之志，善述人之事者也。"(《中庸》第十九章)

总计孝子事亲之道，有三方面："生则养，没则丧，丧毕则祭。养则观其顺也（养志），丧则观其哀也，祭则观其敬而时也。"(《祭统》)

丙、男女

男女之限，历来很严。

家庭以内，"男女不杂坐，不同椸枷（晾衣服的竹杆，也指衣架），不同巾栉，不亲授，嫂叔不通问，诸母不漱裳……姑、姊、妹、女子子，已嫁而反，兄弟弗与同席而坐，弗与同器而食"，"女子许嫁缨（系缨），非有大故，不入其门"。(《曲礼上》)"男不言内，女不言外……外内不共井，不共湢浴（浴室），不通寝席，不通乞假……男子入内，不啸，不指；夜行以烛，无烛则止。"即在夫妇之间，也要内外有别，衣服不同椸枷或篋笥，"唯

及七十，同藏无间"；"夫不在，敛枕箧，簟席袖器而藏之。"（《内
则》）及遭丧，"男子不死于妇人之手，妇人不死于男子之手"
（《丧大记》）；"嫂不抚叔，叔不抚嫂"（《杂记下》）。

家庭以外，"男女非有行媒，不相知名；非受币，不交不亲"
（《曲礼上》）（可见受币之后，可交可亲，不似后来礼防愈严，非
俟结婚不能见面）。"女子出门，必拥蔽其面。夜行以烛，无烛则
止。道路，男子由右，女子由左。"（《内则》）"妇人不越疆而吊
人。"（《檀弓下》）

男女避嫌，不但男女之间直接相避，而且及于有嫌疑性的女
人的男性亲属，如《曲礼上》所记"寡妇之子，非有见焉（见着
必须为友的品德）弗与为友"是。

不过，嫌疑虽要尽量去避，但当男女已经相见的时候，则
"男女相答拜也"（《曲礼下》）。

丁、朋友

贤者待人，"狎而敬之，畏而爱之；爱而知其恶，憎而知其
善"（《曲礼上》）。既由普通人中，择其可敬可爱者与之为友，则
必要有信义。除去普通庆吊以外，当有较为重大的义务，前面所
说"父母在，不许友以死"，可见朋友是有生死之交的。

朋友之最密切者，当属老师，故事师之道"无犯无隐，左
右就养无方，服勤至死，心丧三年"（《檀弓上》）。朋友最大效
用，即在相观而善，子夏向曾子认过的说法"吾过矣，吾过矣，
吾离群而索居，亦已久矣！"也可想见当时对于朋友的作用；
曾子毫不客气地批评，可见朋友关系的详情："子夏丧其子而丧

其明，曾子吊之曰：'吾闻之也，朋友丧明则哭之。'曾子哭，子夏亦哭曰：'天乎，予之无罪也！'曾子怒曰：'商，女何无罪也！吾与女事夫子于洙泗之间，退而老于西河之上，使西河之民疑女于夫子，尔罪一也；丧尔亲，使民未有闻焉，尔罪二也；丧尔子，丧而明，尔罪三也'。"（《檀弓上》）由此也可看见推崇师道的情形。

与人既已为友，纵有发现不能满意的情形，也顶好不加深咎而保持固有的感情。孔子虽不满意于原壤，也"为弗闻也者而过之"，不与绝交；他的理由是："丘闻之，亲者毋失其为亲也，故者毋失其为故也。"（《檀弓下》）

不过，君子与人交，是维持有道的，所以不易有损于交："君子不尽人之欢，不竭人之忠，以全交也。"（《曲礼上》）《儒行》记交友之道曰："儒有合志同方，营道同术，并立则乐，相下不厌，久不相见，闻流言不信。其行本方立义，同而进，不同而退。其交友有如此者。"

戊、长幼

长者之受养，将详于后，兹仅谈幼者与长者的关系。

凡童子，"不衣裘裳，立必正方，不倾听"。"见父之执，不谓之进不敢进，不谓之退不敢退，不问不敢对。""年长以倍，则父事之；十年以长，则兄事之；五年以长，则肩随之；群居五人，则长者必异席。""长者与之提携，则两手奉长者之手……呵（口旁）诏之，则掩口而对。从于先生，不越路而与人言；遭先生于道，趋而进，正立拱手；先生与之言，则对；不与之言，则趋而退。从长者而上丘陵，则必向长者所视，登城不指，城上不呼。"
(《曲礼上》)

己、阶级

礼书所载，社会阶级，大分两类：一为庶人，一为士大夫。士大夫的统治阶级，自天子以下有诸侯、大夫、士。"农田百亩。百亩之分，上农夫食九人，其次食八人，其次食七人，其次食六人，下农夫食五人。庶人在官者（胥吏），其禄以是为差也。"（《王制》）士之禄不及五十里之田，大夫之禄值五十里之田，诸侯之禄田方百里，天子之田方千里。阶级不同，举止标准，也不一样："天子穆穆，诸侯皇皇，大夫济济，士跄跄（翔举舒扬），庶人僬僬（不谨饬）"（《曲礼下》）。至于百工"不贰事……不与士齿"（《王制》）等阶级意识，已载在第四章"贱艺"项下，此处不赘。

礼书讲阶级之分的地方很多，如"士于大夫不承贺"（《玉藻》），如"以为旗章，以别贵贱等级之度"和"厚薄之度，贵贱之等级"（均见《月令》）等类，举不胜举。其所以要分阶级的理由，又是取证于天地人性等方面，《乐记》说得好："天尊地卑，君臣定矣；卑高已陈，贵贱位矣；动静有常，大小殊矣；方以类聚，物以群分，则性命不同矣。在天成象，在地成形。如此，则礼者天地之别也。"

这样的论证，好像是贵贱之差，天造地设，不可转移，然又不然，如《郊特牲》载无太子之冠礼的理由是："天子之元子，士也，天下无生而贵者也。"天下既无生而贵者，则以上所举的理由为不充分，这是两文相矛盾处。

庚、交接

① **相见** 按《士相见礼》，凡初见，必先有人介绍，然后以贽去见。贽（礼物），冬用雉，夏用腒（干雉）。见时说明介绍人令他来见的话，主人推辞着请他回去，他随着访他去。因为主人不敢当宾之见访。宾说"某不足以辱命，请终赐见"，主人乃延见，宾走后，主人回拜，奉还贽曰："曩者吾子辱使某见，请还贽于将命者"，几辞几让，贽至终还归原主。按《曲礼下》："凡贽，天子鬯，诸侯圭，卿羔，大夫雁，士雉，庶人之挚匹（鸭），童子委贽而退。野外军中无贽，以缨（马鞅）、拾（射韝）、矢可也。妇人之贽椇、榛、脯、脩、枣、栗。"

"凡与客人者，每门让于客；客至于寝门，则主人请入为席，然后出迎客；客固辞，主人肃客而入。主人入门而右，客入门而左，主人就东阶，客就西阶……主人与客让登，主人先登，客从之。拾级聚足，连步以上，上于东阶则先右足，上于西阶则先左足。"（《曲礼上》）

客与主人谈，要看主人的动静，不可久妨主人之时。"侍坐于君子，君子欠伸，运笏，泽剑首，还屦，问日之蚤莫，虽请退可也。"（《少仪》《曲礼上》也有相似记载）

天子以诸侯相见，详于《聘礼》与《觐礼》，但"天子无客礼，莫敢为主焉。君适其臣，升自阼阶，不敢有其室也"（《郊特牲》）。

② **馈赠** 凡献物，太贱者不献，如"水潦降，不献鱼鳖"是。献时，各因所献之不同，而献之法也不同，如"进剑者左首，进戈者前其镦，后其刃"，"效马效羊者右牵之，效犬者左牵之"之类是，"赐人者，不曰来取；与人者，不问其所欲。"（《曲

礼上》)

凡献礼，献于尊者，不直称献给尊者，而间接说献给他的侍从。《玉藻》说："凡于尊者有献，而弗敢以闻。"

③　**慰问**　他人有丧，知生者则吊，知死者则伤（哭）。"知生而不知死，吊而不伤，知死而不知生，伤而不吊。"(《曲礼上》)伤的时候，"兄弟，吾哭诸庙；父之友，吾哭诸庙门之外；师，吾哭诸寝；朋友，吾哭诸寝门之外；所知，吾哭诸野"；所知以上，"于野则已疏，于寝则已重"，无已，哭于所借以认识的介绍人家（如孔子之哭伯高）。(《檀弓上》)哭必有赙，以示感情之真挚，否则似乎"涕之无从"，是孔子所恶的。

"死而不吊者三：畏（战阵无勇非孝也），厌（君子不立岩墙之下，其有压死者乎？），溺（孝子舟而不游，其有溺死者乎？）"(《檀弓上》)，因为死非其宜，所以不吊。

吊所以表示同情心，所以"吊于人，是日不乐……行吊之日，不饮酒食肉焉"(《檀弓下》)。

④　**世故**　凡因知人之事发生责任而不能为力者，则不如不问："吊丧弗能赙，不问其所费；问疾弗能遗，不问其所欲，见人弗能馆，不问其所舍。"(《曲礼上》)这未始不是好的办法，但在现时社会我们所常见那样有力相助，却于人急难时，偏要装聋作哑的滑头手段，想与这等教训，总有相当的关系。

凡自己应该会做的事，不能做，则辞以疾："君使士射，不能，则辞以疾，言曰'某有负薪之忧'"(《曲礼下》)；"士使之射，不能，则辞以疾，悬弧之义也"（男子生而悬弧义应精于射）(《郊特牲》)。这一点恐怕是中国社会上脱掉责任的灵丹妙药，看看大人先生们的病假之多，总可明白了。不知现代社会价值已在改变标

准，不痴不呆的人而不能摄生致用，动辄闹病，已非社会所宽恕
而要向社会告罪了。

（4）社会制裁

甲、人格

儒家以人格作社会治安的保障，如《大学》所说正心、诚意、
齐家、治国、平天下这一贯而下的观念已太普通，不必说了。
《曲礼上》为君子所下的定义就是："博闻强识而让，敦善行而不
怠。"《儒行》记儒者自立以为社会砥柱是"忠信以为甲胄，礼义
以为干橹；戴仁而行，抱义而处，虽有暴政，不更其所"。中国
理想的社会制裁，是个人立定范围，大家默认，不要逾越，结果
是消极的制裁。中国历久打不破好人政府的观念，都是相信人格
感化的缘故。

乙、责任心

卿大夫以四郊多垒为辱，上面已经说过。君子五耻之二，是
"居其位，无其言"与"有其言，无其行"（《杂记下》），当然要
生出社会力量来。他如职务划清，如"在官言官，在府言府，在
库言库，在朝言朝"（《曲礼下》）和"公事不私议"等，也都有制
裁的意义。

丙、礼乐

节文的礼和内充的乐，习惯起来，自是社会制裁的过程。此层已详于前，不赘述。

丁、复仇

复仇虽是社会集合制裁不甚发达的时候才会存在，但在复仇观念认为正当的时期，即其观念也可成功社会制裁。复仇的范围，是"父之仇弗与其戴天，兄弟之仇不反兵（不必返取兵器，遇则斗），交游之仇不同国"（《曲礼上》），昆弟之仇，"仕弗与共国……从父昆弟之仇……不为魁，主人能，则执兵而陪其后"（《檀弓上》）。

戊、社会政策

"少而无父者谓之孤，老而无子者谓之独，老而无妻者谓之矜，老而无夫者谓之寡，——此四者，天民之穷而无告者也，皆有常饩。瘖，聋，跛，躃，断者，侏儒，百工各以其器食之"（《王制》）。养老之礼，《王制》《内则》《文王世子》等篇均有记载，意义在乎"虑之以大，爱之以敬，行之以礼，修之以孝养，纪之以义，终之以仁"（《文王世子》）。

己、命

讲命是使人知止的方法。什么不满意也不要紧，反正是命里

该然。《坊记》直接说"礼以坊德，刑以坊淫，命以坊欲"，令我
们感到无限的磊落，不似好多的政治势力利用宗教来麻醉人，反
倒鬼鬼祟祟的不敢道破。

庚、禁忌

禁忌之社会制裁力甚大，故须入境问禁，入国问俗，入门问
讳（《曲礼上》）。《王制》所载之"禁异言，识异服"是属于前两
项的。至于末项的讳，在时间上，是"卒哭乃讳"（《曲礼上》），
"哭者不呼名"（《檀弓上》）；在地点上，是"君所无私讳，大夫
之所有公讳"，"妇讳不出门"（《曲礼上》）；不讳的，是"不讳
嫌名，二名不遍讳……诗书不讳，临文不讳，庙中不讳"，"凡祭
不讳"（《玉藻》）；倘不故意，"过而举君讳，则起；与君之讳同，
则称字"（《杂记下》）。

（5）财产

土地方面，已详"阶级"条。其他可以窥见当时财产标准者，
有《曲礼下》问富一段："问国君之富，数地以对，山泽之所出；
问大夫之富，曰'有宰食力，祭器衣服不假'；问士之富，以车数
对；问庶人之富，数畜以对。"可见当时庶人的财产，尚以牲畜为
大宗。

对于贫富所取的态度，虽也注重民生的基本需要，但大体上
总以不富的生活为美满。因为他们的主张是："以其食浮于人也，

宁使人浮于食"；对于君子所立的标准是："辞贵不辞贱，辞富不辞贫"（《坊记》）。制富贵的政策既是："使民富不足以骄，贫不至于约"，则希望只是"贫而好乐，富而好礼，众而以宁。"所以子路诅咒贫穷的时候"伤哉贫也！生无以为养，死无以为礼也"，孔子立刻驳正着说："啜菽饮水尽其欢，斯之谓孝；敛手足形，还葬而无椁，称其财，斯之谓礼。"（《檀弓下》）

国家对于财产的赋税，《月令》载孟夏"乃收茧税，以桑为均，贵贱长幼如一，以给郊庙之服"，季冬"乃命太史次诸侯之列，赋之牺牲，以共皇天上帝社稷之飨"。《王制》载："公田藉而不税（用民力修公田，私田则不税），市廛（地皮税）而不税（税货），关讥而不征……圭田（禄外之田）无征，用民之力，岁不过三日……司空……量地远近，兴事任力，凡使民，任老者之事，食壮者之食。"

（6）教育

《学记》载教育的原理说："玉不琢，不成器；人不学，不知道。是故古之王者建国君民，教学为先……虽有佳肴，弗食不知其旨也；虽有至道，弗学不知其善也。是故学然后知不足，教然后知困。知不足然后能自反也，知困然后能自强也。故曰教学相长也。"

教育制度是："古之教者，家有塾，党（500家）有庠，术（遂，12500家）有序，国有学，比年入学，中年考校，一年视离经辨志，三年视敬业乐群，五年视博习亲师，七年视论学取友，

谓之小成；九年知类通达，强立而不反，谓之大成。"(《学记》)

教育过程是："六年教之数与方名，七年男女不同席，不共食。八年出入门户及即席饮食，必后长者，始教之让。九年教之数日（朔望与六甲），十年出就外傅，居宿于外，学书计，衣不帛襦袴，礼帅初，朝夕学幼仪，请肄简谅。十有三年学乐，诵诗，舞勺。成童（十五以上）舞象，学射御。二十而冠，始学礼，可以衣裘帛，舞大夏（文武兼备），惇行孝弟，博学不教，内而不出。三十而有室，始理男事，博学无方，孙友视志。四十始仕，方物出谋发虑，道合则服从，不可则去。五十命为大夫，服官政，七十致事。"(《内则》)

政府的教育政策是："司徒（管教育）修六礼（冠、昏、丧、祭、乡、相见）以节民性，明七教（父子、兄弟、夫妇、君臣、长幼、朋友、宾客）以兴民德。齐八政以防淫，一道德以同俗，养耆老以致孝，恤孤独以逮不足，上贤以崇德，简不肖以绌恶……命乡论秀士，升之司徒，曰选士，司徒论选士之秀者，而升之学，曰俊士……乐正（管国学）崇四术，立四教，顺先生诗书礼乐以造士。春秋教以礼乐，冬夏教以诗书……大乐正论造士之秀者以告于王，而升诸司马，曰进士。司马辨论官材，论进士之贤者以告于王而定其论，论定然后官之，任官然后爵之，位定然后禄之。"(《王制》)

对付不率教者的方法是："将出学，小胥、大胥、小乐正简不帅教者以告于大乐正；大乐正以告于王，王命三公九卿大夫元士皆入学；不变，王亲视学；不变，王三日不举，屏之远方，西方曰棘，东方曰寄；终身不齿。"(《王制》)

教育的功效是："入其国，其教可知也……其为人也，温柔敦厚而不愚，则深于《诗》者也；疏通知远而不诬，则深于《书》者也；广博易良而不奢，则深于《乐》者也；絜静精微而不贼，则深于《易》者也；恭俭庄敬而不烦，则深于《礼》者也；属辞比事而不乱，则深于《春秋》者也。"（《经解》）

中国人凡受教育者，做官的思想非常发达。自己是那样的希望，社会是那样的期许，直到现在，此风不破。这也不能不说是受了礼教的毒。因为，人一念书，就给灌输了个齐家治国平天下的领袖欲，又有"不在其位，不谋其政"的教训，所以打算给领袖欲得到满足，非得其位不可，其他的社会事业，是根本没想到的。得不着位，则高谈阔论唱唱高调以拟一拟孔子的著书立说，若要实事求是地干一点实业，那是"艺成而下"的事，儒者的备忘录里不曾记载过的。再加上这种士与仕之连带为用、不可分离的教育系统，则无怪乎做官是读书人的唯一出路了。

（7）娱乐与游戏

娱乐与游戏的方法，在民间有乡饮酒，继之乡射；在朝廷有燕礼，继之以大射仪。此外，则投壶、蜡祭、打猎，都有这种作用。

《乡饮酒礼》，首谋宾介（贤者为宾，一人；其次为介，一人；再其次为众宾，无数），戒（告）宾介，次设席器，请宾介至，主人以酌献宾，宾以酌酢主人，主人再以酒酬宾，以次及于介与众宾，次升歌三终，笙奏三终，间歌三终（堂上堂下间代歌吹），合乐三终（堂上堂下歌与众声俱作）；然后立司正（监礼以免败德），互相饮酬，燕宾以无算爵；然后撤俎肴之贵者，坐燕进羞，无算爵，无算乐，宾出，主人送于门外；明日，宾乡服拜赐，然后主人释服，息司正。《乡饮酒义》所载乡饮酒的意义有致敬、象四时之盛德、教民敬让而不争（席上非专门饮食）、修孝弟之行、辨隆杀之义、和乐而不流、安燕而不乱等，细论太多，不备举。

乡射礼（《仪礼》）设器张侯（所射之布）以外，请宾与上同，次则立司正，请射（射两人为班，三班为三耦），纳射器，比三耦，司射执弓南面揖以诱射，然后初射，再射，三射，众人比射，告获，饮不胜者，然后相燕乐与上同。《射义》曰："射者，进退周还必中礼，内志正，外体直，然后持弓矢审固，持弓矢审固然后可以言中，此可以观德行矣"；"射者男子之事也，因而饰之以礼乐也"；引申之，"射之为言者绎也"，"各绎己之志也……故曰：为人父者以为父鹄，为人子者以为子鹄……故射者，各射己之鹄"；"射者，仁之道也，射求正诸己，己正而后发，发而不中，则不怨胜己者，求反请己而已矣"；"君子无所争，必也射乎！揖让而升下而饮，其争也君子。"

燕礼与大射仪不过规模较壮，与以上大同小异，不备举。

投壶之礼，与射略不同，不同的是用手掷，非用弓射；掷的是标，不是射箭；所要命中的是壶，而不是侯。（《礼记·投壶》）

蜡祭可以行乐，已详于"祭祀"条。

至于畋猎，则"獭祭（捉）鱼（十月），然后虞人入泽梁；豺祭兽（九月末十月初），然后田猎；鸠化为鹰（八月），然后设罝罗；草木零落（十月），然后入山林；昆虫未蛰（十月以前），不以火田；不麛不卵，不杀胎，不殀夭，不覆巢"。

"天子诸侯，无事则岁三田"，除娱乐外，目的是"一为干豆（备祭），二为宾客，三为充君之庖。无事而不田曰不敬，田不以礼曰暴天物”；所谓礼，就是“天子不合围，诸侯不掩群”。

在田猎上保持尊卑贵贱之次序的方法是：“天子杀则下大绥（旌旗属），诸侯杀则下小绥，大夫杀则止佐车（驱逆之车，用以驱兽与阻兽），佐车止则百姓田猎。”（并见《王制》）

第九章　政治

（1）领袖

政刑是所以推行礼乐的，故有王者兴，必要制礼作乐。不过制礼作乐的领袖，非是有德有位的圣王不可："非天子不议礼，不制度，不考文……虽有其位，苟无其德，不敢作礼乐焉；虽有其德，苟无其位，亦不敢作礼乐焉。"（《中庸》）这样的政治领袖，颇似希腊对于"圣王"（philospher–king）的观念[①]。其所以这样注重领袖的缘故，就是相信威望（prestige）之暗示的效用。《缁衣》引孔子说："上好仁，则下之为仁争先人"；"王言如丝，其出如纶；王言如纶，其出如綍。"《大学》也说："一家仁，一国兴仁；一家让，一国兴让；一人贪戾，一国作乱。其机如此。此谓一言偾事，一人定国。尧舜帅天下以仁而民从之，桀纣帅天下以暴而民从之。"

领袖自饬的标准，在乎尊奉三私，那就是仿效"天无私覆，地无私载，日月无私照"（《孔子闲居》）。

这种好人政治，究竟不足行远，即在《中庸》已经见到这一层："其人存，则其政举；其人亡，则其政息。"

[①]　R. G. Gettell, *History of Political Thought*, Chapter. III.

政治中心，既须圣王，分职任事，也要人材。"凡官民材，必先论之；论辨，然后使之；任事，然后爵之；位定，然后禄之。爵人于朝，与士共之；刑人于市，与众弃之。"（《王制》）

（2）政令

政令制度，已详教育、财产等项者，此不再赘，只谈刑罚与战争二事。

甲、刑罚

刑罚本不得已之举，故《大学》引孔子说："听讼，吾犹人也，必也使无讼乎？"《缁衣》也引孔子的话："政之不行也，教之不成也，爵禄不足劝也，刑罚不足耻也。"

听讼的时候，"无情者不得尽其辞"（《大学》四章）；必要三刺以为证（讯群臣、群吏、万民），罪未成，不为罪（"有旨无简不听"）；"凡听五刑之讼，必原父子之亲、立君臣之义以权之，意论轻重之序、慎测浅深之量以别之，悉其聪明、致其忠爱以尽之；疑狱，泛与众共之；众疑，赦之；必察小大之比以成之。"

"成狱辞，史以狱成告于正；正听之，正以狱成告于大司寇，大司寇听之棘木之下；大司寇以狱之成告于王，王命三公参听之；三公以狱之成告于王，王三又（宥），然后制刑。"

"凡作刑罚，轻无赦。""凡执禁以齐众，不赦过。"（以上《王制》）

诛罚之例有：以足蹙路马刍（君之马草），齿（看齿）路马，振书端书于君前，倒笑侧龟于君前。（《曲礼下》）

杀之例有："析言破律，乱名改作，执左道以乱政"；"作淫声、异服、奇技、奇器以疑众"；"行伪而坚，言伪而辩，学非而博，顺非而泽以疑众"；"假于鬼神、时日、卜筮以疑众。"（《王制》）

刑罚，贵族受优待，"刑不上大夫"（《曲礼上》）；"公族无宫刑，不翦其类也"（《文王世子》）；"大夫废其事，终身不仕，死以士礼葬之"（《王制》）。其有碍于正义者，则不能不刑，"公族之罪，虽亲不以犯有司，正术也，所以体百姓也"；然也有与众不同处："刑于隐者，不与国人虑兄弟也；弗吊，弗为服，哭于异姓之庙，为忝祖远之也；素服居外，不听乐，私丧之也，骨肉之亲无绝也。"（以上《文王世子》）

刑的意义是："刑者，侀也；侀者，成也。一成而不变，故君子尽心焉。"（《王制》）

乙、战争

"师必有名。"（《檀弓下》）这个师必有名的教训，不知误尽多少苍生！是真庄子所谓"重利盗跖而使不可禁者"也。凡欲战争，名颇现成，试看欧战之为正义、公理、和平。吴佩孚之为民意，其他之为护法，为讨赤，举皆名正言顺，可以了然。

战争以前的准备，天子诸侯"必以币帛皮圭，告于祖祢，遂奉以出，载于齐车以行，每舍，奠焉而后就舍"（《曾子问》）。天子更要"类乎上帝，宜乎社……祃于所征之地……受成于学"，然后"命大司徒教士以车甲"（《王制》）。

战之时"杀人之中，又有礼焉！"*《檀弓下》载陈弃疾"每毙一人，揜其目"；杀三人，"止其御曰：朝不坐，燕不与，杀三人，亦足以反命矣"。

出征而返，"执有罪，反，释奠于学，以讯馘告"（《王制》）；更返告祖庙，"设奠，卒敛，币玉，藏诸两阶之间，乃出，盖贵命也"（《曾子问》）。

居丧者不与战阵，"君子不夺人之亲，亦不可夺亲也"（《曾子问》）。

（3）政治理想：一个综合

政治的基本观念，即是人治的好人政府，则其行政之所资藉，自以伦理的人伦为依归；换句话说，所谓政治也者，就是礼教之大规模的实现；国家也者，就是家族之大规模的实现。所以《礼运》说："人情者，圣王之田也。修礼以耕之，陈义以种之，讲学以耨之，本仁以聚之，播乐以安之"；安之以乐而达于顺；顺也者，"四体既正，肤革充盈，人之肥也；父子笃，兄弟睦，夫妇和，家之肥也；大臣法，小臣廉，官职相序，君臣相正，国之肥也；天予以德为车，以乐为御，诸侯以礼相与，大夫以法相序，士以信相考，百姓以睦相守，天下之肥也，——是谓大顺。"

家肥，国肥，尚非极致；必要大顺而后，进为大同：

"大道之行也，天下为公：选贤与能，讲信修睦；故人不独亲其亲，不独子其子，使老有所终，壮有所用，幼有所长，矜寡孤

---

　　*　此处出自《檀弓下》。

独废疾者，皆有所养；男有分，女有归；货恶其弃于地也，不必藏于己；力恶其不出于身也，不必为己。是故谋闭而不兴，盗窃乱贼而不作，故外户而不闭，是谓大同。"大同不及，勉为小康：

"大道既隐，天下为家；各亲其亲，各子其子，货力为己；大人世及以为礼，城郭沟池以为固，礼义以为纪，以正君臣，以笃父子，以睦兄弟，以和夫妇，以设制度，以立田里，以贤勇知，以功为己。故谋用是作，而兵由此起，禹汤文武成王周公由此其选也。此六君子者，未有不谨于礼者也：以著其义，以考其信；著有过，刑仁讲让，示民有常。如有不由此者，在执者去，众以为殃，是谓小康。"

儒家理想，以"圣人参于天地，并于鬼神"并以"天地为本"（《礼运》）的精神，得到人与自然界的平衡；以伦理的人伦之正，得到社会内部的平衡；再以正心诚意的工夫，得到人心内部的平衡，颇能成功一个整个的思想系统，在那么多年前的中国社会思想竟有合乎现代社会学之思想的许多部份[1]，总是我们承受这等社会遗业的人所该感谢的。当时对于好多方面，混同而未判分，也是当然的道理；生在后世的我们，欲为不愧这种遗业的继承者，该将未经判分的判分起来，互相矛盾的提示出来。即如超象的精神每每不与有生观相判分，演化思想时常要与古代崇拜相矛盾，都是思想笼统的重要根源。礼书思想的本身既是这样（有足以引人的精彩，也有足以迷人的混同），又加历代不分皂白的推崇，那就无怪背出几句礼书的说话，常有神秘的巫力了。

---

[1] Hobhouse 的思想 "Social Harmony" 见于他的 *Social Development* 与 *The Rational Good* 两书；平衡的观念，可看 Bukharin 的 *Historical Materialism* 五、六两章。

引用书目

（1）爱日堂：《礼记大全》。

（2）陈澔：《礼记合纂大成》。

（3）吴廷华：《仪礼章句》。

（4）孟先颖：《仪礼问津》。

（5）聂崇义集注：《三礼图》。

（6）John Steele 译，*The I-li*.

（7）James Legge 译，*The Li Ki*.

（8）叶绍钧选注："学生国学丛书"《礼记》，绪言。

（9）L. S. Hsu, "Political Ideas of the Li Ki", in *the China Journal*, Vol. V, No. 6, Dec., 1926.

（10）程瑶田：《宗法小记》。

（11）皮锡瑞：《经学历史》。

（12）章实斋：《文史通义》，诗教篇。

（13）冯友兰："中国之社会伦理"，《社会学界》，1927 年第 1 期。

（14）冯友兰："孔子在中国历史中之地位"，《燕京学报》，1927 年第 2 期。

（15）冯友兰："儒家对于昏丧祭礼之理论"，《燕京学报》，1928 年第 3 期。

（16）Liang Chi-Ch ao, *Explanation of Important Books and the Method of Studying Them*, Tsing Hua Press, 1926.

（17）Clark Wissler, *Man and Culture*.

（18）Nicholai Bukharin, *Historical Materialism*.

（19）R. M. MacIve, *Community*.

（20）A. L. Kroeber, "The Super-Organic as the 4th Order of Phenomena", in *Case's Outlines of Introductory Sociology*.

（21）Wm. Graham Sumner, *Folkways*.

（22）E. B. Tylor, *Primitive Culture*.

（23）Wm. M. Brown, *My Heresy*, "Preface".

（24）W. F. Ogburn, *Social Change*.

（25）L. T. Hobhouse, *Social Development*.

（26）L. T. Hobhouse, *The Rational Good*.

（27）L. T. Hobhouse, *The Metaphysical Theory of the State*.

（28）B. Malinowski, *Sex and Repression in Savage Society*.

（29）C. S. Burne, *Handbook of Folklore*.

（30）R. G. Gettell, *History of Political Thought*.

附录一：关于祖尼人的一些观察和探讨[*]

我对研究祖尼（Zuni）人感兴趣，在于两个方面：一是通过了解异族文化而得以进行文化透视，二是学习美国人类学的实地工作方法。换言之，我认为对祖尼人进行研究是一个较大的民族学问题，而不是民族学中的一个狭窄的部分。因此，如果我在这篇论文中提出许多问题，那是在探讨，而不是在批评。其实，我之所以特别选中祖尼人，是因为著名的专家学者已为这个民族写下了许多的论著。^①

我于 1935 年 6 月 15 日到达新墨西哥州西部的祖尼人居住区，9月 16 日离开那里去往东部，在此期间，我除了旅行两周外，其余的时间都是在一个祖尼人家庭中度过的。当这个社区自然而然地接待了我之后，我在那里扮的角色与其说是积极的调查者，倒不如说是个身历其境的观察者，只是在进行人口调查时是例外。我对他们

———————

* Li An-Che, "Zuni: Social Obserration and Queries", *American Anthropologist*, Vol. 39, No. 1, 1937. 由于李安宅先生已离开美国，他没有机会看到本文的最终修订版本，因此修订的责任由我们负责。——原编辑注

① 笔者想借此机会感谢加州大学人类学系，及其朋友此前为我在祖尼实地研究做的准备；感谢美国印第安服务处（the U. S. Indian Service）为本研究做的联系工作，使这项研究成为可能；感谢所有友善、乐于助人的祖尼朋友；感谢耶鲁大学人类学系，感谢他们处理文化和撰写祖尼当地材料时那种富有启发的方式；也非常感谢有幸与本尼迪克特博士（Dr. Benedict）、邦泽尔博士（Dr. Bunzel）进行私人会面，这对于本人辨明官方、土著及其他人的观点与文化的真相起到了非常大的帮助，这些帮助远远超过我在一个夏季所能获得的。

说，我是从中国去的，我之所以急于了解别的民族的智慧，目的是
想以此来教导自己的民族。我一再告诉他们我对任何秘不示人的东
西都没有兴趣，他们可以把他们关心的事告诉我，如果我问到的事
是他们不愿意告诉的，他们可以不告诉我。到我逗留的后期，他们
看样子完全不把我当外人了，特别是我住的那家人更是随便，和我
开玩笑，我走进房子，他们并不中止谈话，照样谈下去。有时他们
主动地给我提供一些信息。在我离去的前几天，他们正准备讨论举
行公共的或宗教性大规模集体活动的事。我还参与了房东一家在跳
祈雨舞之前往耕地里插羽毛的仪式，这样的跳祈雨舞活动，我观察
过六起，它们都是在那个夏季里举行的。

　　本文只探讨祖尼人生活的几个方面。由于篇幅所限，某些实
际问题和祖尼人适应性方面的问题只得留待另文论述了。

　　在阅读关于祖尼人的早期著作时，人们会禁不住产生种种好
奇的和迷惑不解的想法，不过实地经验加上深思熟虑必定能纠正
第二手资料给人的印象和草率作出的不相干的比较。有些论断是
以孤立的文化特征为依据，而另一些论断则是以系络关系为依据
的；有些论断是绝对地站在自己文化的立场上作出的，而另一些
论断则是基于异族文化模式的相对性作出的；有的论断所基于的
是旧机制的适应性，而另一些论断所基于的则是新闯入的制度的
渗透力。我们只有将这些区别开来，才能得到正确客观的认识。

宗教

　　美国民族学者们普遍认为祖尼人的宗教是形式主义的，很少

带有个人的感情。散布这种观点的大概是本尼迪克特和邦泽尔。本尼迪克特博士在其《文化模式》一书中把祖尼宗教中的"每个人的行为和动机"说成是"完全没有个人的成分"。[①]她是想通过对比祖尼人、夸扣特尔人（Kwakiutl）和多布人（Dobu）的生活，从而建立清晰可辨的文化类型。既然有此意图，于是遂绘出了可能过于简单化的图画，这一点是可想而知的。但是这些画面是经过了一番淘汰和精选的过程绘制出来的，所以看起来像完整无缺的独立实体，因而也就容易使人产生误解。

而邦泽尔博士虽然也很强调形式主义的一面，但由于她的文章是单对祖尼人作深入研究，因而就比较全面些。尽管如此，她毕竟是强调过形式主义的一面，因而读者们也就很容易失去辨识力而产生误解，尤其是这样的强调为本尼迪克特博士所强化后，情况就更是如此了。下面几段引自邦泽尔博士报告里的文字便是具体的例子。

她写道：

> 跟其他普韦布洛（Pueblos）人一样，在祖尼人那里，宗教的影响很广泛，它渗透于一切活动之中，而且，宗教的这种渗透性和宗教借以外化的各种丰富而协调的形式会使研究者误以为祖尼人缺乏强烈的宗教情感。因为，祖尼人虽然堪称为一个十足宗教化了的民族，但在其数目众多的典礼中，没有一个仪式具有常见的北美印第安人在寻求灵验时通常都有的那种强烈的宗教情绪和狂热的举动。[②]

[①]　Ruth Benedict, *Patterns of Culture* (Boston, 1934), p. 105.

[②]　Ruth L. Bunzel, *Introduction to Zuni Ceremonialism; Zuñi Origin Myths; Zuni Ritual, Poetry, Zuni Katcinas* (Forty-Seventh Annul Report, Bureau of Amencan Ethnology, 1932, pp. 407—1086) p. 480.

在她的报告的另一处，祖尼人的祈祷被说成是：

> 并非出于内心的诚挚倾注。它毋宁说只是一种固定程式的重复……事实上，无论是原始人还是文明人用于对超自然存在施加影响的手段——如灵物崇拜、模仿巫术、咒法以及神职人员等，在祖尼都有，与此同时，各种祈祷（但祖尼人的祈祷很大程度上只徒具形式）、净身、斋戒和牲祭方式之多也很令人注目。但关键的问题在于，这些高度发达的宗教手段都具有机械主义的一面。"①

读者看罢自然会疑惑："出于内心的诚挚倾注"何以会与"固定程式的重复"构成对立面呢？考虑到每个人的思想都脱离不开社会现实，一个人的 aspiration 总不会执意去与自己所处的文化框架相冲突，而相形之下，最完善的各种自我奉献的宗教形式则实在是一种狂热的超自我状态的产物。假如一个人的兴趣就在于将稳重自持的心理状态和寻求灵验的心理状态作对比的话，那上述那种正反对照是合乎情理的。但是就宗教心理过程而言，它并不需要有比其他心理过程更多的个人感情成分。无论是狂热型的还是沉思型的宗教都同样要与各自的文化模式相适应，并且都可能含有被掩蔽在社会一致性外衣下的个人感情因素。一个人在进入到异族文化中去时，往往会把事情看得很简单，而完全忘记了自己民族的文化形式原本也是错综复杂的。如果有人向研究民族学

---

① Ruth L. Bunzel, *Introduction to Zuni Ceremonialism; Zuñi Origin Myths; Zuni Ritual, Poetry, Zuni Katcinas* (Forty-Seventh Annul Report, Bureau of Amencan Ethnologys, 1932, pp. 407—1086) pp. 489、493.

的美国学者问起，在他们美国人的宗教里，按固定程式进行的教堂弥撒中是否含有较多的个人感情成分，答者就会倾向于按具体的人作具体判断。以上与基督教所做的类比表明，虽然参与宗教典礼的人都同样是在遵循事先定好的程序，同样念唱原有的祷词和圣歌，但各人浸沉于宗教气氛的程度如何，却有很大差别。某些人可能只是表面上举动跟众人一样，而其内心世界对身边集体行为的反应却可能是一种与宗教活动程序毫不相干的个人感情。与此同时，另一些人则可能明确地使自己认同于周围的伙伴，当时的集体行为与他个人的情感完全吻合。毫无疑问，某些弥撒参加者同有些参加寻求灵验的祖尼人一样，他们的喊叫和狂热的表现完全是机械的。表面的举止与内心世界之间格格不入。

尽管邦茹尔博士强调了个人祈祷的形式和内容上的刻板性，但她的有些说法却正好又是自相矛盾的。因为她曾指出，"每个人在细节上各有所不同"，同时还引述情况提供者的话说："一些活跃的人在祈祷时与神交谈的时间很长，而另一些人则只是像婴孩一样说不了几句话。"在同一页里她还提到，在好些场合中，"有些人总想表现他们掌握祭诗的能力。"此外，她也谈到了祖尼舞蹈的"内驱力"[1]。

据斯蒂文森（Steveson）夫人的说法，[2] "所有的祈祷都是以低沉而有感染力的声调重复进行的。"这种以低沉而感人的声调为特

---

[1]　Ruth L. Bunzel, *Introduction to Zuni Ceremonialism; Zuñi Origin Myths; Zuni Ritual, Poetry, Zuni Katcinas* (Forty-Seventh Annul Report, Bureau of Amencan Ethnologys, 1932, pp. 407—1086) pp. 615、899.

[2]　Matilda Coxe Stevenson, *The Zuñi Indians: their Mythology, Esoieric Fraternities and Ceremonies* (Twenty-thirol Annual Report, Bureau of American Ethnogy, 1904, pp. 3—608), p. 171.

征的行为方式是所有研究祖尼文化的学者通常都见过的。一个人在急于将祖尼人与其他人相对比时，会很容易忽视掉个人感情的这种表现形式，从而得到似乎普韦布洛人宗教中缺乏个人感情因素的奇怪印象。在谈到一个内容为劝说玉米姑娘来到人间的神话时，她作了些比较富有象征性的叙述："所有的人都用心说话，心与心之间可以通话而无需启动嘴唇。"[①] 如果这种象征的意义就是指人们心心相通而无需外在表达的话，那不正好与机械祈祷之说相反了吗？我个人曾深深为这种最诚挚的个人情感交流中所体现的宗教气氛所感染过。一天清晨，我无意中走到一个正在旷地上对初升的太阳进行祈祷的老头身边，马上我就意识到自己闯入了"圣灵之地"，赶紧退避而去。这个生动的情景比起斯蒂文森夫人在其上引论著第 15 页图表 1 中所描绘出的画面来，给人的印象要深刻得多。自打发现了这事以后，我就有了更多的机会从远处观看这种场面。

在明确了个人感情成分在祖尼宗教中的地位后，且让我们来讨论一下祖尼宗教另一个方面的问题。考虑到宗教活动在祖尼占有极高的分量，人们往往会纳闷，祖尼人哪还会有时间和兴趣来从事非宗教的活动？这里又是祖尼文化研究者们的先入之见在作怪，几乎所有的研究者都是在作神秘主义的笼统描述，这就给人造成了祖尼文化缺乏平衡性的印象。但我们只要略加思索即可明白，无论给人的印象如何，一个社会如果真失去了平衡便无法运转。更何况，外人觉得稀奇的东西对处于该文化有机体内的所有

---

①   Matilda Coxe Stevenson, *The Zuñi Indians: their Mythology, Esoieric Fraternities and Ceremonies* (Twenty-thirol Annual Report, Bureau of American Ethnogy, 1904, pp. 3—608), p. 527.

人来说，因为有着完整的背景，可能是毫不足怪的。脱离原有背景单将某特质引入另一文化中去，的确是让人丈二和尚摸不着头脑的。因而，所有关于不守信用的多布人或寻求灵验的平原印第安人（Plains Indian）的描述，如果缺乏全面性，就会失去在其特定背景中所具有的意义。美国大学的文娱竞赛很可能会给外人一种似乎美国大学生一定没有什么时间来搞学业的印象。祖尼人中明摆着的事实似乎表明，宗教的作用在于它乃是一种生存斗争的手段。宗教活动不仅是要用来对付未知世界，而且也左右着世俗世界的各种活动。例如，宗教性的戏剧舞蹈不仅仅主要用于祈求干旱的祖尼土地最渴望的雨或雪，而且也充当着该社区的日历和社会协调力。除了舞蹈团体外，其他团体，即各种兄弟会，大都是医疗会社，其作用十分明显，无需多谈。最有意思的是，尽管理论上所有的男性成员都属于各舞蹈团体，但实际上他们只是轮换着跳；那些须参与舞蹈活动的人所需做的就是按程序依次应召进入舞蹈行列，因为舞蹈是有程序地进行的；而且，除了那些有跳舞这一神圣职责的人以外，在这种场合中，一般人不会自始至终地在旁观看的。在本社区进行舞蹈活动时他们还要从事农耕或干别的活，只是在日近黄昏或没活可干的白天，才会有大批观众来围观表演。即使是高级祭司也要去照管他们自己的庄稼地。可是，一旦舞蹈有大批观众围观时，围观者和表演者就似乎都在默契配合而形成一种协调的气氛。这就是说，观众也在履行着神圣的职责。这种现象看样子尚未引起祖尼研究者们太多的注意，但将它指出来是有价值的，特别是因为这些表演活动是在露天场地进行的，有各种各样的人参加，但却不用任何人来维持秩序。与任何室内聚会，无论是教堂的弥撒还是宴会的喧闹情形相比，在祖尼人举行集体舞蹈活动的广场上占主导的是一种扣人心弦的宁静。邦泽尔博士在谈到集体舞蹈这种愉快的活动时，有过这样一句很恰如其分的评述：“喜悦之态可以取悦众神，而悲戚之相则有悖神意。”[①]

戏剧舞蹈的参加者们分成六个团体，它们各以与六个方向相对应的六个基瓦（kiva[*]）为聚集中心。虽然所有的男子都属于这些舞蹈团体，但并非每个人都是积极分子。各舞蹈团体里积极分子的人数可见表 1。[②]

表1　各基瓦团体的成员数

舞蹈团体名称[①]	基瓦序号	主方位和颜色		基瓦首领人数（欧塔卡摩西 Otak'amosi）	成员数
荷依奎（he'ikwe）	1	北	黄	4	45
特舒伯奎（tchpa'kwe）	2	南	红	3	48
欧荷奎（'ohekwe）	3	东	白	5	40
穆荷奎（muhekwe）	4	西	蓝	3	36
乌莎那奎（'upsanakwe）	5	上	杂色	2	42
荷基亚伯奎（hekiapakwe）	6	下	黑	4	50

在祖尼人的意识里，种类繁多的舞蹈中，有六种被认为是最基本的纯宗教性戏剧舞蹈，六个舞蹈团体中的任何一个都可以

---

① Bunzel, Matilda Coxe Stevenson, *The Zuñi Indians: their Mythology, Esoieric Fraternities and Ceremonies* (Twenty-thirol Annual Report, Bureau of American Ethnogy, 1904, pp. 3—608), p. 497.

* kiva：礼仪场所。

② 1935 年的人口总数是 2036 人。妇女 880 人；男子 1156 人，其中 14 岁以上的有 768 人。

③ 按邦泽尔博士的排列次序（同上，第 883 页）。

表演这类舞蹈。这六种舞蹈是：特卡奎纳舞（tcakwena，有鼓伴奏），图瓦特卡奎纳舞（towa tcakwena，无鼓伴奏）、渥特蒙拉舞（wotemla，有鼓伴奏的混合舞）、图瓦渥特蒙拉舞（towa wotemla，无鼓伴奏的混合舞）、穆卢克塔卡（muluktak'a）舞以及荷迷西依奎（hemiciikwe）舞。

　　除这些基本形式以外，还有从其他部落学来的舞蹈，可分为假面舞和非假面舞两种，后者完全是娱乐性的。假面舞里包括从霍皮人（Hopi）那里学来的牛舞、山羊舞、蝴蝶舞，由库曼斯人（Kumance）舞蹈和阿帕切人（Apache）舞蹈混合而成的一种舞，还有从拉库纳人（Laguna）那里学来的纳华希科（Nahahico）舞。这些舞蹈多多少少都有些严肃性，就跟祖尼人自己的舞蹈一样。非假面舞完全是为了娱乐，包括有霍皮人的一种蝴蝶舞，一种纳瓦霍女子舞（Naraho Squaw Dance），一种库曼斯人（Kumance）化装舞，一种萨忒奇维女子化装舞（a make-up Se'techiwe Squaw dance）*。我观看过其中的一种以取笑纳瓦霍人为乐的化装舞，跳舞的小伙子们和姑娘们的穿着一如纳瓦霍男女，唱着纳瓦霍人的歌，而且贴上的假胡子也特别滑稽可笑。

　　除了这六个与各基瓦相联系的卡基纳（katcina**）舞蹈团体以外，还有十二个活跃的医疗兄弟会（medicinal fraternities）***，其中的一些成员也参与上述舞蹈活动。关于他们，可见表2所列。

---

　　*　多指纳瓦霍男女的交际舞，但有时候也是一种战争舞蹈或治疗仪式，其并非总是一种纯粹娱乐性质的舞蹈。

　　**　katcina：戴面具扮神的舞蹈。

　　***　一种传授巫医技艺和知识的秘密男子会社。

表2 兄弟会成员数

名称[1]	人数
纳维奎（ne'wekwe，勇士兄弟会）	42
西万纳奎（shi'wannakwe，包括巫医、幻术、炉火三个会社）	41
哈罗奎（ha'lo'kwe，蚂蚁兄弟会）	41
马克散纳奎（ma''ke'san'nakwe，小火兄弟会）	50
马克赫兰纳奎（ma''ke'hlan'nakwe，大火兄弟会）	20
波萨西洛奎（pe'shä'sil'kwe，臭虫兄弟会）	29
萨尼阿基亚奎（'sah'iakiăkwe，猎人兄弟会）	45
赫勒维奎（'hle'wekwe，树木兄弟会）	25
奇基亚利奎（chi'kĭalikwe，响尾蛇兄弟会）	27
科欧西奎（ko'shi'kwe，仙人掌兄弟会）	（十年前已消失）
舒玛亚奎（shu'maakwe，螺丝壳兄弟会）	18
鸟胡胡奎（u'huhukwe，老鹰捕食兄弟会）	38

首领

在谈了一些实际情况后，再重新回到祖尼文化的解释问题上来时，我们又发现了另一种片面性的观点。这一观点认为，社会生活中回避当首领的现象是宗教中缺乏个人感情的自然结果。如果人们对寻求灵验不感兴趣，并且认为"人非万物之主"，因而"森林和田野都不是用来给人破坏的。人在这个世界里同兔子、鹿和玉米嫩株是平等的"。[2]——这一切若是真的，那么，关于男人

---

① 按斯蒂文森夫人的排列（同上引文，第407页）。
② Bunzel，前引书，第488页。

们不情愿当首领的推论则是比较顺理成章的了。然而这里却属于
这么一种情形：前提很正确而推论不一定正确。

本尼迪克特博士报道说，祖尼人害怕成为"自己人民的领袖"，
因为那会使他有可能被指控为行使巫术而遭受迫害，而且他只会
"感兴趣于这样一种竞技游戏：在游戏中每个成员都能够得到均等
的机会，因为若让一个出色的选手参赛，就破坏了游戏"。[①]这种看
法关键的错误在于套用本族文化法则去进行推理。在竞争激烈的西
方世界，人们从小就被灌输这样一种思想：世界上的万物都是创造
出来供他去利用的；在那里，一个人若不冲向前，就必然会被推向
后，缺乏个人好胜心的人当不了领袖，这是理所当然的。但在一种
认为世界万物间的相互给取关系应该比较平等和谐的社会里，一个
人会尽可能谦恭，同时又有很强的区别对待不同事物和辨识价值的
能力。因此，首领是自然形成的，他们得到同族人的公认，服从领
导的人并不觉得服从的行为有什么屈辱。问题不在于首领与其反对
者之间的矛盾而在于如何看待获取首领地位的方式和手段。毋庸置
疑，在所有面对面的社区中，任何正常人都不会去追求自己显然力
所不及的东西而使自己成为笑料，而且，即使是最热心而合法的高
职位追求者，也会对所给予的职位作一番官样文章般的推辞。现代
社会设置疯人院来管制狂人，而土著社区则是借反对行巫术为名来
惩治心理危险分子以履行社区利益中"安全第一"的政策的。

在祖尼人中，许多公职人员享有受到很好保护的特权，这便
是社会进取心存在的证明。邦泽尔博士报道了这样一个事例：老
祭司拒绝说出不常举行的典礼应循的程序，尽管有人向他追问某
种祈祷的情况，并许以报酬，他也拒不开口。"在祖尼，那些在典

---

① Beneddict，前引书，第 99 页。

礼体系中没有任何专门知识或地位的人是'穷人',有知识、有威望的就是'富人'。"[1]

正当范围里的抱负在任何现实社会中都是存在着的。只不过由于文化的制约,获得威望和实现抱负的手段各有不同罢了。一旦人们决定参加这场角逐,他们就必须遵守角逐的规则。虽然不同的社会里规则各有不同,但它们的存在却是毫无例外的。尤其是在祖尼人中,不仅存在争夺个人权力的一般斗争形式,而且还不时出现暴力形式。霍吉(Hodge)博士在祖尼居住区附近发掘遗址时,一个信基督教的祖尼人从他那里得知祖尼人奉为神器的不过是早期天主教圣方济会教士以前遗留下来的一尊圣方济的小雕像而已,于是他就利用了这条消息来排斥信天主教的同族人而谋取自己的利益。在此之前,祖尼人的天主教神父们把它尊崇为天降之物。这一发现导致祖尼人中天主教徒与基督教徒之间发生了一场巨大冲突。由于得到多数派的支持,那位基督教徒掌握了保留地政府的领导权。最近,一名高级祭司纯粹靠政治手腕使自己的地位僭越于其他更受人尊敬的祭司之上,这种行为在过去是要受到鄙视的。他的这种卑鄙活动还与当地政府新任长官有关,政府的教区牧师将由他的心腹去充任。双方的目的都得逞了,但公共舆论对此却有针锋相对的两派观点,一派维护旧传统,另一派则拥护新政治人物。

教养

在解释祖尼儿童行为方式的问题上,又有一种过于简单化的

---

[1] Bunzel,前引书,第 617 页。

观点。对这一方面有过研究的学者普遍认为，祖尼人根本不打孩子而孩子却很规矩。尽管这种看法在那些对其他民族儿童有较多了解的人听来会感到稀奇，但它多多少少已为众人所接受，具有公认的权威性。下边的一段文字便是出自斯蒂文森夫人的最典型的说法，而有这种看法的绝不止她一个人。我们随便翻开一篇论及这个课题的"西南民族志"论著，都能看到几乎与此一模一样的叙述。斯蒂文森夫人说："祖尼孩子很少有不听话的。据我所知，父母是不打骂孩子的。孩子们整天在一起玩耍而不会发生争吵。年龄很小的孩子也懂得不去打扰别人或动属于他人的东西。在与祖尼人和其他印第安人打交道的若干年里，我从没被他们偷走过任何东西，无论是食物还是其他物件。"[1]

由于这种看法得到公认，于是那些同情印第安人的人往往就将印第安人生活中的这个方面加以理想化，而那些对印第安人不怀善意的人特别是白人商贩，往往则据此扬言印第安人自打生下以来就没受过教养，以致成年以后也还像个被宠坏了的孩子。在这里，我们又可以看到，这些并不公道的说法与其说是一种观察结果还不如说是一种建立在对有关事物仅一知半解基础上而作出的解释。由于本族文化背景作怪，观察者们很容易走向歧途从而错误地把本族文化法则套用到祖尼人身上去。

在祖尼，孩子教养方面的运转机制是这样的。首先，管教孩子的责任并不全落在某个人身上，除了父母以外，家庭所有成员都要通力合作教导孩子，使其行为得体。事实上，社区中的所有成员只要是碰巧撞见哪个孩子行为不端，都会开口来纠正的。因而可以说，面对这样一种成年人的统一战线，孩子没有多少机会

---

[1]　Stevenson, *The Zuñi Indians*, p. 293.

在玩耍中互相争斗。话说回来，如果孩子不受到过多的约束，他又何苦去做自己和他人都不快的事呢？可以经常看到，事实上哪怕是极好吵闹的孩子，只要听到任何一个成人轻声一嘘或看到他略板面孔，就会很容易被镇住而安静下来。事先若是没有足够的这一类训练，发生了这类事，那就真是奇迹了。其次，尽管存在父母之爱的所有表现形式，但孩子们在他们自己的自由天地里还是被给予了非常大的独立性。除了必要的身体接触外，父母不抚弄孩子，像对待玩物般地抚弄婴孩以获取触觉满足并称此为爱，并不是祖尼人的行为模式。在生命之初，孩子的大部分时间是在摇篮里度过的，他往往被放在摇篮里来照看。一旦到了他能自己玩的时候，便脱离家庭看护而加入到小伙伴的行列中去了。肚子饿了或需要大人帮助时，他就回家来。一天中的大部分时间，他都是和同伴们一起在自己的圈子里开心地玩耍。而且在父母身边时，孩子也不觉得需要做些取悦父母的表现，或向他们索取太多的东西。父母理所当然地会给他提供一切的。第三，如斯蒂文森夫人曾指出过的，鞭打也时有发生。但它是慎重而有效的。做母亲的决不会小题大做，也不会在成年人中没完地唠叨孩子的过失。由于孩子的面子得到很好的照顾，所以孩子也就能挺身而出，心甘情愿地承受责罚。随着新教育体制进入祖尼，一些父母开始感到他们的孩子不太听话了。从前父母在管教孩子方面有很大权威，但近来传教士们和学校教员们在竭尽能事地叫孩子们不要听从他们的父母，而同时，教员们却又担心孩子幼小的心灵里会慢慢产生对自己的恐畏心理，因而对孩子们有些放任，使新教育体制不能充分发挥作用。这就是说，家庭正在失去对孩子的控制力，而学校又还未能较好地解决孩子的管教问题。本文不打算细谈这个基本问题，但它由社会变迁所导致，这一点是清楚的。

祖尼人利用宗教制度来教育孩子，这是第四点。在日常生活中逐步地向孩子灌输有关知识要远比进行正式学校教育有渗透力得多。祖尼孩子从稍明事理时起，就得经受每年定期的各种化装舞蹈的熏陶。当然，在他心目中，表演者已等同于超自然存在。通过这一切，他得到一个深信不疑的谕示，那就是，超自然的存在会对任何不合规矩的行为动怒。一个孩子在加入某个舞蹈会社以后，就有人对他进行生活哲学方面的较正式的教育，并且作为一种净身仪式要受到鞭打。最重要的是，超自然存在有各种特殊功能，有惩罚越轨者的职责。除那些专门的宗教监护人以外，每个基瓦会社都设有一名阿托克尔（Atocle）——其要么是男的，要么是女的——来担负这样一种不太令人愉快的工作：在必要的场合，对那些野性难改的孩子施以恫吓。我本人就有幸看到，卡基纳诸神扮演者中的一位身着神装在天黑之际公共活动结束后来到了一个孩子的家。他以长发遮面，手持大刀一把。小孩由两个年龄较大的妇女，一般都是孩子的母亲和外婆搀扶着，站在这个面目狰狞的家伙面前，听他做一番为时冗长的训导，看他做出各种各样的手势。最后，他看来对孩子诚恳的面容和站在孩子身后的两名妇女的担保感到满意了，这才在领受了这家人对他的祝词、吃了一顿作为酬谢的饭并接收了所给的礼物之后离去。这个孩子一定已多少有点臭名远扬了，而且，我相信，这种给人印象很深的情景一定会长驻孩子脑海中。必须再次指出的是，本文的兴趣不在于这种程序的来龙去脉，而在于塑造儿童行为的实际机制。当孩子自己站着的时候，还由两名年长妇女以援助之手扶着，这看起来是一项颇具匠心的安排。

丈夫和妻子

我对祖尼生活方式的下一个方面的兴趣是由克鲁伯（Kroeber）博士激发起来的。他在谈到妇女对房子的所有权时，有过如是论述[1]：

> 每当要拆除一座建筑物时，所有的重活都是由男人来干的。在重建这座建筑或在老镇外围建造一座全新的房屋时，男人要采石奠基，伐木立柱，用木材制作门窗；妇女自始至终都是辅助性的帮手，只是在给墙涂灰泥这种轻活时才成为主角。但男人建好这样一座房屋后，他要是和妻子发生争执和离异，即便是妻子变心，他也得搬走而把这座房子白白留给她和后一任丈夫，根本不认为他被剥夺了本属于他的东西。很多男人把他们所建的房子指给我看，那是他们为曾经是自己妻子、后来又换了别的男人做丈夫的女人们建的，有的男人则指着旧颜未改的玻璃窗对我说，那是他们用自己挣来的钱从商店里买来的；但是，在谈这些事时，他们神态坦然，丝毫没有什么不公不平。

按西方文化观点来看，这一点的确不同寻常。克鲁伯接着又说："祖尼男人在被这样抛弃时，毫无男子汉气概"，"他的所做所为似乎不过是让自己顺应一桩不可避免的事情，就像一阵暴雨冲坏了他的玉米地而他无可奈何一样"。但只要稍作深入了解就可

---

[1] A. L. Kroeber, *Zúñi kin and Clan*, Anthropologacal Papers, American Museum Natural History, Vol. 18, Part 2, 1917, p. 89.

以看出，"在被这样抛弃时，毫无男子汉气概"的说法是毫不足信的。事实的真相在于，男人无需为房子担忧，他只要一结婚，就可以从妻而居。如果离了婚，则像婚前那样，回到他父母（他母亲的房子）家里去住，如果他没了母亲，就到他姊妹家去住，要么就是重新结婚而进入另一个妇女的家，从其家人而居。没有任何近亲诸如父母、姊妹或女儿的鳏夫可由母方任何一家亲戚来照顾。而且，这里存在着义务和财产支配权的问题。邦泽尔博士有过这样一种很恰当的叙述："他一旦离婚，义务便告结束，他的后任就来做他孩子的父亲。"[①] 从这一方面看，他什么都没有损失，一切都还可以得到。但他所处的文化环境不会让他有什么便宜可占。如果他撇下自己原有的所有孩子，让后一任丈夫来做他们的父亲，那么，当他与新妻子结合后，也很可能要接过别的男人的孩子，做这些孩子的父亲。就个别人而言，有的人可能较幸运，接管的孩子少些，而有的则多些。但在整个社区有机体里，如果该社区要维持下去，是根本不容许在这方面一部分人明显占便宜而另一些人明显吃亏的。

尽管本文无意于陈述原始资料，但提供出以下资料是有益于讨论问题的。根据对219户里的1420名祖尼居民（总人口为2036）所做的个案记录，只有14幢房子归男人所有，其他的都归妇女所有。男人只是在下列情况下才会有自己的房子：要么他们已没有了亲戚，无人为他提供住所；要么是因为他们的妻子不是祖尼人而来自其他部落；要么是由于他们想按白人的样子来组建家庭以免除妻方亲戚们的种种烦扰。在同一记录里，发现有22例从夫居，7例氏族内婚。尽管氏族外婚是缔婚原则，但当例外者们

---

① Bunzel，前引书，第477页。

决定"无论如何都要结婚"时，这些氏族内婚情形似乎并没有引起公众过多的注意。

为了能在一种更完整的背景下来审视家庭状况，且让我们对两性关系问题做一番比较仔细的考察吧。库辛（Cushing）和斯蒂文森夫人对祖尼人缔结婚姻的方式做过详尽描述。但在今天，"以祖尼方式结婚"已成了无需公共部门批准就发生同居关系的同义语。尽管州政府或保留地政府机构也签发结婚证，但与其说它们是婚姻准许状，还不如说是一种文化差异的表现。这样缔结的婚姻不多。现在仍跟过去一样，去水井或水池打水之时是男女安排幽会的好时机。不同的只在于，过去姑娘们是头上顶着陶水罐，而现在却是手提水桶了。小伙子们要么单独一人要么三两结伴地散布在周围，有的躲在街角后面，有的倚靠着篱笆，他们要是不想被人认出，就用一顶阔边帽遮住自己的面容。这种情景始于日将黄昏之时，一直延续到天完全黑下来为止。然后他们回家去吃晚饭。饭后未婚男女们便按黄昏时的安排去赴夜间幽会。这就是晚饭一般开始得较晚的原因。小伙子是非常守信遵约的，因为他的或得或失完全取决于姑娘。一个姑娘可以有很多个情人，这些情人之间一般都能友好相处。在黄昏，当男女忙于幽会之事时，姑娘们一般都并不只顾沉溺于造爱，每个女孩都很感兴趣于窥探她情人以前的恋爱经历。在黄昏碰头之时，没有人是步履匆匆的，他（她）们都悠闲地慢行散步，一副漫不经心的样子。外来人除非经历足够的时间，否则是看不出其中奥妙来的，若有足够的时间观察，就必定会发现，这个公开的黄昏之约其实充满了神秘气氛，每个人的心里都好像是在做贼似的，不时以疑惑的眼光朝那些与这整个场面不相协调的陌生人瞥上几眼。

夜间幽会是由男子来约定的，有的出于婚姻目的，有的则不是。一个曾鳏居好长一段时间的祖尼青年说，如果他有足够的钱，他就可以安排与任何未婚女子或丈夫正好出门在外的妇女同宿。他说："这不是吹牛。"而这种情况与白人居民们的感受好像是吻合的。女方父母要是不反对小伙子出现在他们家里，就算是默许他俩的来往了。父母要是不同意女儿与那个小伙子来往，就会作出某种反感的表示。父母有时会出于某种利益积极支持女儿与某个小伙子之间的恋爱。小伙子的父母则根本不管儿子到哪里去夜宿，只是在儿子与女方确立起较稳定的关系之后，他们才会得到通知。为了防止别的男人趁自己不在家时来充当自己的角色，丈夫尽其可能不离家外出。放牧羊群须过露宿生活，男人们不仅很时兴于把自己妻子带上一块儿过帐篷生活，而且还努力逃避放牧羊群这种事。羊群通常是由小男孩去放牧。一群羊配置一头驴（可因任何别的原因换成马，而且，在其他普韦布洛人中是见不到配置驴这种现象的），由一个小男孩单独放牧，或几个男孩结伴放牧，主人不时来取一两只羊回去宰食。

不忠似乎是祖尼人婚姻离异频繁的主要原因之一，同时肯定也是引起青年人所有纠葛的主要原因——这些纠葛耗去了他们远比直接对抗更多的精力。姑娘的若干情人之间的纠纷倒不多，那些纠葛主要表现为一种竞赛，即男女之间一方总想要花招诓骗对方，以及间接地产生于在其他方面有牵连的男人们之间的摩擦。地方政府能够解决任何别的日常生活纠纷，可就是对与两性关系有涉的纠葛束手无策。对这类纠葛，政府部门拒绝听诉。因而在祖尼生活平静的表面下，大多数人都卷入了一些婚姻上的或别的方面的纠葛。可以发现，除了极个别人以外，每个人至少都有两次以上的婚姻经历。我亲眼见过两例婚姻离异。一个男人离开了住在另一户里的妻子，回到自己家族的房里来住了，而另一个男人也离开自己的妻子，临时住到他一个母系亲戚家里去了。这两个男人都属于同一母系家族。前者的离异是由于恼于妻子对他和一个未婚少女的偷情"起了疑心"并大发醋劲。后者则是因为恼于妻子责骂他在别人身上花钱太多，同时他自己对这个家的"势利气"很不满，这家人老靠他从一家白人商店所得的赊贷来满足日常费用。我之所以要提出这两个离婚的例子，是因为它们有一定代表性——尤其是后一例。

就家庭而论，我们有趣地发现了按亲属关系原则建立起来的联合住户所具有的各种突出的特征。尽管"祖尼人没有大家庭"，祖尼住户的平均规模，如克鲁伯博士所发现的，依然在 7.5 人左右（但是，人数超过 20 的特大住户在祖尼人眼中也不足为奇）。我们发现，传统的中国家庭中的妯娌们与祖尼家庭中姊妹的丈夫们相比，地位出奇地相似。尽管我努力不让自己将不相干的两者扯在一起，但还是禁不住要对它们做一番比较。在中国，是妻子嫁到夫家，确切地说，是嫁到丈夫的父母家里；而在祖尼，则是丈夫入赘到妻子的父母家里。正如克鲁伯博士所曾指出的，祖尼人"不是母权制民族"，而且"其妇女的地位在物质上与那些非母权制民族并无多大差别"，但若与中国的妇女相比，祖尼妇女的角色似乎要重要得多。说祖尼人中妇女统治男人是不对的，真正重要的是妇女根本不受男人控制。我上述简要论述的目的，无非是要弄清楚祖尼妇女处于一种不受压制的地位上，这具有重要意义。在她自己家里，她实质上还是个被保护者。必须做出必要适应的是她的丈夫。正是这一点造成了所有的差别。她和她的未婚兄弟、已婚或未婚的姊妹就外显行为而言，只关心她们自己。而丈夫则需做周全考虑，精打细算。例如，如果某个人就餐时慢慢吞吞来迟了，他就不应表现出着急和不耐烦的神情。假如他想去做某事，而岳父却想让他去做另一件事的话，他就会毫不迟疑地打消自己的计划去满足岳父的要求。即便他对妻子的姊妹的丈夫们不满，他也得圆滑地处好关系而不能有所表露。所有这些并不就意味着其他人都一定心存不良。光是这单方面的顺从就足以使他不像别人那么可心了。因而他的地位与嫁到男方家里去的中国妇女的地位很相似。对中国妇女来说，男方家人可能待她很好，但"为人所客待"这一事实本身就正是她所处困境的关键所在。尽管人家待她很好，但她仍不能将这些视为理所当然的事。她必须去适应自己的丈夫、公婆、丈夫的兄弟姊妹以及妯娌。我们可能相信，中国人妯娌间的各种琐碎纠纷都是妇女特有性格的产物。凑巧的是，祖尼人姊妹的丈夫们也处于相似的困境中，而这种困境同样也是来源于对男女亲属们的适应。美国妇女可能会纳闷，共夫的妻子们怎么能相安无事地居住在一起？而一个中国人看到曾给同一个祖尼妇女做过丈夫的男人们竟能友好相处，也同样会感到奇怪。美国人的眼光似乎只注意到各种情感因素，而一个中国人则一定会着眼于祖尼人的母系共同体，从而生动地认识到，妇女是氏族传宗接代的载体，一个氏族若没有女性成员就会灭绝。只要社区生活是一种共栖生活，是一种人类生活，那么，一旦各种竞争规则被确立起来的话，每个个体就都必须遵循这些规则。

于中国北平燕京大学

附录二：边疆社会工作[*]

自序

要写这一本书的动机，乃是好几年的事了。一自民国廿八年夏离开北平，经过香港、安南[**]、昆明、贵州、重庆、成都、西安、兰州，而于其冬季，到了甘青交界的拉卜楞藏民区，看见许多事业需要做，许多问题需要研究，许多人事需要调整，便感觉到一种《边疆工作手册》是需要编写的。民国卅年夏季离开藏民区到了成都华西大学，希望扩大边疆工作的宣传，以使多有同志从事这种工作，更觉得非写这样一本手册不可。而且这种需要，已非个人的感觉，而变成少数同工的一致要求了。卅一年二月社会部发起"社会行政丛书"，以《边疆社会工作》一书撰述见委。当时以为义不容辞，或可促成原有志愿的完成，不意迁延了一年有半，此刻才得草就，稍释一种心理上的担负。然而回忆这几年的经过，岂能已于一言？

---

[*] 本文为李安宅先生所撰的边疆社会工作手册性的专著，1944 年由中华书局印行。此次收入本书时，为方便读者，将尾注改成了脚注。

[**] 今越南。

　　第一，当时初到边地，个人则热度达于极点，舆论则极不同情。开发边疆的口号自是口号，而遇到真在边疆者，便是疑难丛生。放弃了大学教书的生活来到边疆吃苦，不是别有用意是什么呢？著者为了便于人家的了解，一言一字都先在当地公开讨论，然后寄到内地与友人传观。著者不曾有走马观花动成巨册的本领，原因之一，即在希望信而有征。然对内地知识分子，尚被迫而写了一篇《大学教授应否吃苦？》以自解嘲。

　　第二，当时虽有燕京大学的薪水，而无任何工作上的设备，不得已乃出于纯粹研究的途径。然研究谈何容易？一方面设法引起当地寺院当局的热心，以便变客为主，算是为了宏扬寺院文化而做研究。另一方面，尽可能地用知识与劝说来为人们服务，也发现了少数的同志。再则，更要紧的，由于生活伴侣于式玉女士的牺牲精神，抛卸了子女，放弃了任何报酬，在当地学习了藏文藏语，创设了女子小学，便利了著者的心理交通，以及接触范围。就这样，使著者得以深入，实证了"研究、服务、训练"三者合一的理论。然在当时，代表学术界的尚不乏其人，深深以为服务是个罪状。著者说，假定那是罪状，可惜心有余而力不足，没有那样犯罪的机会；假定那是罪状，只好由着当时不受任何人供给的她去担负了。

　　第三，当时感于内外交迫的困难，曾经决心终身从事边疆工作，鞠躬尽瘁，死而后已。不意为了解决困难，希望扩大同工范围，充实工作设备，来到城市，反而局限在城市者二年有半，未得重返边地的机会。然而原来讥笑边疆工作者，现在也有从事于边疆的考察，或者边疆的鼓吹了。这从大处看，我们关于川、甘、青、康交界的藏民区（称为"安多"*者）之报告，已算引起国人之注意；对于边疆的界说，已经有人引用得视为固然；而且实地研究，配合服务，如以医药人手之类也被视为当然了；还不都是社会演化上的进步吗？！我们所关心的是客观的社会过程，社会过程有所演进，不管个人的得失利钝，总是求仁得仁的。

《中国之命运》里（页一三三——一三四）说："须知个人惟在于国家民族之中，始可以生存发展。故国家民族的生命，为个人生命所寄托。而国家政府的命令，应引为个人自主自动的意志。国家民族的要求，且应成为个人自主自动的要求。逃法玩法固为国法所不容，避重就轻，亦当为国民所不取。每一个尽忠尽孝的国民，必敢任他人所不敢任的任务。受他人所不能受的痛苦，而后国家民族的命脉，始可以维系于不坠，而国家民族的前途，始可以充实而有光辉，尤以我全国的青年，战时必立于前线，开发必趋于边疆，为社会服务必深入农村，为国家工作必着重基层，一扫现在平时优游于都市、战时远避于后方之恶习，才可以作一个对国家尽忠，对民族尽孝的国民。"

对于边疆工作有了以上的昭示，比较以前方便多了。对于边疆工作者的待遇，也较以前大有保障了。（本书第六章注八）**然而边疆问题，依然还待解决。倘有"以吾人数十年必死的生命，立国家亿万年不死的根基"那种追随国父遗训有为有守之士，合力以赴，则本书之作，不徒减轻一种心理上的担负而已。

至于本书内容，引用著者单独发表各篇文字之处甚多，未能

---

　　*　安多，藏语对今青海东南、甘肃南部及四川西北地区的总称，源于藏族古代的一种地理概念。

　　**　即第 161 页脚注①。

一一注明，亦应附此声明。其得力于许多朋友之批评，尤应特别志谢。

中华民国卅二年十一月于成都

华西边疆研究所

第一章　何谓边疆

我们在探讨怎样进行"边疆社会工作"之前，必须将几种意义弄清楚：一为边疆，二为社会工作，三为边疆社会工作。

边疆乃对内地而言。边疆所以不与内地相同的缘故，就自然条件而论，不在方位，而在地形；就人为条件而论，不在部族，而在文化。

惟其不在方位，故东南沿海各省已在边界而不算边疆；西北南三方的新疆、蒙古、西藏同样到了边界则又算作边疆，甚至于国土中心如川、甘、青、康的交界藏名"安多"区者，在四川有松潘、茂县、汶川、理番*、懋功**之类，在甘肃有武都、岷县、临潭、卓尼、夏河之类，在青海有同仁、循化、共和、贵德、化隆之类，也都成了边疆。

惟其不在部族，故同样的蒙古，在成吉思、忽必烈的时代就是边民，在元顺帝时代便失掉了边民资格；同样的满洲在努尔哈赤时代就是边民，在光绪、宣统时代便失掉了边民资格。匈奴人

---

　*　今理县。

　**　今小金县。

金日磾在汉朝，突厥人哥舒翰在唐朝，契丹人耶律楚材在元朝，[①]还算边民吗？至于将汉人与边民相对待的，更是不加考虑的偏见。盖不知所谓汉人，"当初原是专指定居在汉朝的版图里的人而言。但汉朝的疆土东北到朝鲜，西南到安南，西北到新疆，乃至中亚细亚和伊朗；拿血统来说，已可知道他包涵了非常复杂的血统；就拿文化来说也可以知道他包涵了非常复杂的文化。到了隋唐一统，所有五胡十六国的人民都正式成了汉人了。元灭了金，又称金人为汉人。……汉人之为汉人，乃是由于各种不同民族相合而成……本不是一个单纯血统的称呼"。[②]故汉人这一类的字眼不能与边民相对待。

如此，我们便不能不用地形与文化来作边疆的界范。

地形的分别是甚么呢？河谷、平原、盆地不是边疆，高原、沙碛、茂草、森林才算边疆。文化的分别在哪里呢？进行精耕农业者不是边疆，进行粗放游牧者才算边疆。而粗放游牧必据高原、沙碛、茂草、森林一类的地形；精耕农业必据河谷、平原、盆地一类的地形。故文化的边疆实以地形的边疆作基础。

赖德懋（Owen Lattimore，报纸译名而不为他所承认者为拉铁摩尔）根据我国的历史和地理，认为我国的边疆具有两种型类：一为纯粹游牧的边疆，一为介乎精耕农业的平原，与粗放游牧的草原之间的过渡地带——他叫作边缘。过渡地带是耕牧兼有的，然正因其过渡的缘故，既无灌溉的精耕，也无控制牧群的技术；精耕平原势力强，则依附于平原；游牧草原势力强，则依附于草原。平原势力过此以往，会要失掉其特长的精耕而离其重心；草原势力过此以

---

① 朱家骅卅一年十月廿一日在组织部讲话《边疆问题与边疆工作》页六。
② 前讲，页六至七。

往，亦会失掉其特长的游牧而离其重心。两面过度进展的离心力，都足以损毁其中心机构的统一性。这种统一性，在平原依赖于稳定，在草原依赖于机动。机动性到了精耕区便停滞了，稳定性到了游牧区便解体了。于是中原与边疆的政治，便在这种史地条件的下面，反复其大小循环，谁也不能长久地将谁统一①。

这话在分别内地与边疆上，是再精确不过的。然在说明内地与边疆的关系上便不应到此为止。盖赖氏的说明着重于过去的史地条件，今后的史地条件则在我们如何创造了。加之进步人工的史地条件将与过去大不相同，所以内地与边疆的关系也就要与过去大不相同。过去不能真正统一的，今后不见得不能真正统一，乃是非得真正统一不可了。本书整个目的，即在探讨如何达成这种任务。暂时不妨先作简单的分析。

我国海禁未开以前，精耕文化为正统文化，其与游牧区域或耕牧兼有的边缘地带之关系，正如赖氏所述。及至帝国主义侵入以来，农耕大被剥削，中原文化骤呈危机，而附从文化更被虎视眈眈者所窥伺。探险队、传教士、化装侦探，无孔不入，远超过内地人士足迹所至的范围。我所应知者不知，彼所不应知者知道得特别详细。故在经济、政治、宗教各种手段之下，正统文化动摇破裂，附从文化亦因缺乏内地引发力量而无由进步。全国都在内求发展、外求独立的迫切要求之中，更为迟滞的边疆，乃以国防意义显得问题最大了。

百数十年来大势所趋，国父先知先觉，首创三民主义，领导国民革命；抗战以来之建国国策，实消极地制止侵略，积极地从事建设。非建设不足以言制止，非制止亦无建设可能。双管齐下

———————

① 赖德懋著，赵敏求译：《中国的边疆》，正中书局出版。

的工作，要在自力更生。所谓自力更生，即在物质方面加强工业化，以提高农耕游牧等生产水准；在精神方面培养公民原则，以代替家族主义。惟因工业化提高了生产水准，才使抗建物资充实起来；亦惟因公民原则提高了国民风纪，才能担负起内而建国外而抗战，即以抗战手段来建国，且以建国工夫来抗战的双重使命。这双重使命乃是一种历史使命的两方面，盖非充实国本不能抗战，非抗战则不得保卫国本的。

全国如此，边疆自不能例外。且在国防的意义之下，边疆尤其不得不如此。在过去，缺乏公民原则，所以对于边民只有羁縻的政策；羁縻之道穷，便没有办法了。同时，缺乏工业技术，所以对于边疆只有屯垦的办法，屯垦办不到，便又无从开发了。现在则不然。现在既有历史使命的压迫，又有更进一步的工业技术与公民原则，所以原来不能统一的可以统一了，不便开发的可以开发了。

因为有了工业技术，正不必狃于屯垦的成见，而可因地制宜，采取区域分工的办法。即一切适于边疆地形者加以提倡、改善、扩充，并且输入超乎农耕的生产方式以提高其生产价值。所谓地形所宜，当然就是畜牧。牛、羊、马、驼等品种与数量，以及草种草原之类，都是值得提倡、改善、扩充的。加以提倡、改善、扩充，才算地无弃利。所谓超乎农耕的生产方式，当然就是工业。皮毛、骨角、肉乳、酥油等畜牧经济的副产品，都是需要输入近代工业技术才会提高其生产价值者。提高边疆的生产价值，才会与内地经济相平衡，而其他建设事业才有办法。在过去，耕牧是对立的，有了现代的工业技术，便将两者沟通起来了。内地所宜者，如精耕之类，不必强向边疆推进了。内地所缺乏者，如畜牧产品之类，得到丰富的供给了。这种两得其便的事，虽似相反，而适相成，便是区域分工的制度。

在这种制度之下，一面直接地提高了边疆的生产力，间接地加强了边疆的购买力；一面又直接地增进了平原的资源，间接地开辟了平原的销场，必使两者之间发生相互依存的关系。真正相互依存起来，稍一放松，必有亲眼可见的损失，哪里会有过去那样彼此消长、大小循环的毛病呢？打开过去的局面，便是真正的统一。盖在廿世纪的今日，已非局部的经济自足所可竞存于世界。农耕不必园艺式的精耕，工业不必艺术性的手工，所以内地与边疆亦非旧日关系所可比拟了。

因为有了公民原则，不但家族主义可以打破；一切血统的不同，宗教的派别也就没有关系了。公民乃是以国为本位的，国之所以为国，即在不以血缘为界线、不以宗教为范围，而以地缘为界线、以共同的权利义务为范围。旧日家天下，所以"非我族类，其心必异"。今日在公民原则之下，不管皮色深浅、体格高矮、发形直屈，凡在一定国土以内，尽了共同义务、享了共同权利者，都是一国的主人，而执政者不过是公仆。旧日愚民为政，所以科学与神学冲突起来，而教民多被歧视。今日在公民原则之下，信教是自由的，科学态度是开明的；由仪文神话中解放出信仰力量来，再在信仰力量中发挥出开物成务的科学来。所以佛、回、耶教都是传自国外，而不妨佛教徒、回教徒、耶教徒与本色宗教的道教徒、孔教徒，共尽国民的义务，共享国民的权利，共为中华民国的主人，共有被选作公仆的机会。

帝制时代权利义务不尽同，所以不能不压迫、羁縻，而愚民为政。民主时代的公民权利义务是相同的，反倒可以既有全国一致的国语，又有各地不同的方言；既有中心思想，又有各派宗教；

既同样属于中华民族，又有血统的分别；既有统一的典章制度，又有各别的设施与习惯。盖在过去，分则离心，合则不平。今后则要一中有多，多中有一。多以成其复异丰富，一以成其庄严伟大。亦惟庄严伟大始足以包容复异丰富的成分，复异丰富才能够促成庄严伟大的一统。这种在统一中求得各别的适应，又在各别适应中达成真正统一的原则，普通的说法叫做公民原则。换个说法亦可叫做精神的区域分工。有了精神的区域分工，则内地与边疆尤非旧日关系所可比拟了。

所以不管是经济的区域分工，还是精神的区域分工，都能利用原有地形而超乎原有的限制，利用更进一步的文化而不限于原有的范畴。进一步，变一着，才是边疆工作的指导原则。

以上认明了边疆之所以为边疆，以及抗建过程中边疆工作的指导原则。以下再用两种客观事实证明边疆工作的需要。

第一种是边疆需要内地的扶植与发扬，第二种是内地需要边疆的充实与洗炼。

就边疆需要内地扶植而论，以上所述工业技术与公民原则不必说了，即如医药一项便非内地予以救济不可。"边疆同胞都生活在大自然里，空气好，阳光足，身体原该是很好的，为甚么砂眼病特别多，花柳病和其他传染病也很普遍呢？这因为没有医药卫生的习惯，弄得犯了病而只得拖延下去，以致一天一天的传染起来，强者竟成孱弱。边疆地方有极广大的牧场，很鲜美的水草，为什么牲口的瘟疫特别猖獗，会一群一群的倒毙呢？这就因为没有兽医和防疫工作的设备，以致马牛羊等做了疫菌的牺牲品，人民受到不可数计的损失。"[1] 至如难产、流产、颈瘤、胃病、风湿病

---

① 朱氏前讲十二至十三。

等，都非边疆本地医药可奏效，则无待赘言。

就边疆需要内地发扬而论，我们仍不妨再引一段文字："例如黄河流域人民睡的炕，就是从契丹女真传进来的。男子所穿的马褂长袍，是从满洲传进来的。就是女子所穿的旗袍，在当初又岂不是学的满族？胡琴和笛子是现在内地音乐里最主要的乐器。然而琴上加一'胡'字，表明这是从北面的边疆传进来的；笛上加一'羌'字，又表明这是从西面的边疆传进来的。从前既可把边疆文化传播到内地，在内地发扬，为什么不能再继续传播到内地，甚至到外国，在世界上发扬光大呢？就运动技术而言，像跑马、摔跤、打马球，都是可以发扬光大的边疆文化，只因没有在内地提倡，大家不知道而已。"① 至于边疆更伟大的特点，而需要我们来发扬者，以后尚有详述的机会（参看"边疆社会工作所有之困难"），这里不必多所论列。

若就内地需要边疆的充实与洗炼而论，除了抗建大前提以外，亦可专就知识即力量的立场，申述以下三点。

第一，就实地经验来说，我们对于边疆知道得太少了。我们所已知道的大部分，与其说是知识无宁说是误解，说是偏见。偌大范围的边疆，外国人的报告，不管是曲解，还是事实，总有数百种的专门著作；我们稍微谨严的东西，则屈指可数，哪能根据知彼知己的原则来操奇制胜呢？趁着抗战建国的总趋势，以及并肩作战成立新约＊的特殊局面，迎头赶上，乃是我们获得边疆知识、进行边疆建设千载一时的良好机会。

第二，就训练技术来说，甚么高寒、炎瘴、平沙、草原，以

① 前讲，页二十至二十一。
＊ 指二次世界大战时中国与美、苏、英、法结为同盟国。

及崇山峻岭，凡足以阻障交通、造成复异文化的条件，在一般视为劣点者，都可变为训练技术的优点。盖在整齐单调的文化中可以习而不察，在错综复异的文化中便会处处觉到问题，随时都有启发。语言学的通例，都是利用不熟习的语言作为技术的训练，然后回转头来渐渐从事于比较熟习的语言。推此公例，对于一切文化的认识也是如此。故边疆的特点乃是实地研究的乐园，尤其是应用人类学（边疆社会工作）的正式对象。

第三，就转移风气来说，我们过去虚浮文弱的积习，正好借着接近大自然的边疆下一番涤肠刮骨的工夫。边地有似感情充溢、生力奔放的少女，当她高兴的时候，你可同她得意忘形，沉醉在爱的怀抱里面，山河大地，无处不在奏着抑扬的歌曲；当她变脸的时候，你又被她折磨得形消骨立；投降既不可能，逃跑也无门路。只有咬定牙关，立稳脚跟，以不变胜多变，不久就可重新得到她的嫣然一笑。于是大千世界，无处不放异彩！这于地理遭遇是如此[①]，人文接触也是如此。然而不管是折磨，还是沉醉，都使你感到那是活的世界、力的世界，伟大而亲切、平淡而神秘的世界，不是死板的世界，疲软而苟且、浮动而无诚意的世界。"争名于朝，争利于市"，有人不甘于假面具的人生、桎梏的人生吗？请你抱着坚贞不拔、虚怀若谷的精神到边疆去。那里会使你归真返朴，接近活的世界、力的世界。你说那是研究也好，训练也好，服务也好——哪一方面也好，三位一体也好，反正那是直接经验，给你远近布景，使你别开生面，能够掘发抗建力量，造成伟大民族的创造经验。

----

① 著者在安多区旅行，曾于一日之内经过细雨，急雨，狂风，冰雹，密霭，晚霞返照，曝日打虮，真是和煦起来天人一体，暴烈起来不可终日：折磨便折磨得要死，痛快又痛快得要死，惟有受之而已。

第二章　何谓社会工作？

我们在第一章已将"边疆"加以界说，现在应该讨论"社会工作"的意义了。社会工作范围既广，理论与技术又甚复杂，欲在一章篇幅以内弄清它的意义，本来不大可能。然而我们所关心的是动态作用，不是静态类别与叙述，而且社会工作的发展亦由动态作用而来，我们不妨用归纳比较的方法加以说明，或者还比形式化的定义为有价值。这样作，我们可用性质、类别、趋势三种概念。

论到社会工作的性质，可做下列的比较与说明。

第一，社会工作不是一劳永逸的。站在传统观点的人，凡是过去的都是好的："非先王之法言不敢言，非先王之法服不敢服。"站在现状优势的人，凡是现有的都是好的：你说社会不平等吗，他说"物之不齐，物之情也"；你说铲除罪恶吗，他说"没有罪恶，怎显善良"？站在将来希望的人，凡是现在的都是不值得考虑的，凡是未来的都是美丽的。甚么"过渡时期无足轻重"哩！甚么"上了轨道以后都会得解决"哩！总是将来可以一劳永逸的。然而不管是将来的一劳永逸也好，过去已劳便永逸起来也好，现在已经如此，便只好永逸下去也好，推到最末后，都是谢绝当前的经常工作——一点一滴的创新工作的。

社会工作者的观点便不如此。他见到的社会是动的，所以不安于永逸；又见到任何社会成就都是逐渐积累的结果，所以不只于一劳。一般人瞧不起的事他肯作，一般人视为固然的局面他要追问所以然。人家以为"不在其位，不谋其政"，他偏说"天下兴亡，匹夫有责"，而用不着"素王"的头衔。人家以为"破碎害道"，他偏以为道在一点一滴的工夫之中。人家以为"独木难支大厦"，他偏要努力于心之所安。

第二，社会工作不是形式主义的。惯于官样文章的人，"令朝至暮变，暮至朝变"，何等爽利，哪里用得着母鸡孵卵的工夫？所以在这些人看来，"一朝权在手，便把令来行"就够了。而在社会工作者看来，不管早晨的令，还是晚上的令，除了公文的传递以及等因奉此分别转发奉复以外，求其客观的"变"还是另外一套工夫。而且权在手固可行令，权不在手，又将如何？

另一方面，形式主义的人惯于倒转"适者生存"的公例，以为既已生存了，便证明他是适者；至于一切救死恤贫的事，当然是破坏天演的运行了。而在社会工作者看来，愚蠢的生存与理智的生存大有分别，促成公共福利的生存与剥削公共福利的生存也大有个别处置的余地。荣誉军人与抗战家属倘若颠沛流离的话，那是因为不适而需要淘汰的吗？

所以社会工作不重公文的形式，反对机械的论据，而要深入民风民俗的底层，了解社会思想的背景，同情先天禀赋的反应，以便客观有所成就，人为有所补益。所以避名求实，因小见大，乃是社会工作的特点。

第三，社会工作不是包办主义的。包而不办，是近视的英雄主义的毛病。所谓近视的，即在不想自己好，只想旁人坏；不想自己作事，只要人家不作事。人家坏了，没有工作表现了，自己不是可以悻悻自得了吗？所谓"怠者不能修，而忌者畏人修"，便是近视者的英雄主义。这是谁都知道的，然而常是不能避免的。

比这再高一等的，还有包而始办的办法。我们可以管这毛病叫做狭义的英雄主义。包而能办固然比包而不办的好，然因包而始办的缘故，则磨擦的机会多，合作的机会少。本来可以致力于工作的精神，偏要分一部分应付磨擦；本来值得大家帮忙的事务，偏要减少了合作的机会，则其成功必属有限，当无疑义。热心办事的人偏要在出发点上即限制了成功的范围，不是狭义的英雄主义是什么呢？

社会工作者的态度则不然。他根据社会学的认识，知道成功有广狭二义，都不是包办所能奏效的；所以他用社会化的态度，促成客观界的成功。既无狭义的英雄主义，也无近视的英雄主义，而且根本反对任何英雄主义的色彩。这种反对英雄主义的主义，即叫作广义的英雄主义亦无不可。我在兰州曾有一篇文章论及广狭两义的成功，无妨节录在下面①：

> 所谓成功的含义，狭义的是将事办成功；广义的是使事功不因我去而不成，我留而暂成。譬如卫生固然需要自己注意，更要紧的乃是公共卫生。大家不闹病，自己当少传染的机会；大家都健康，自己更受其影响。浅见的人没有经验，总喜欢功成自居，不知道大家有份的快乐。"盛名之下其实难副"不必说了，即真希望狭义的事功有成，不也是成功因子甚多，不是一个人或一个团体所能包办的吗？凡事之成，有材料的因子，如木料之于桌子；有方式或目的的因子，如桌子形体与图案；有动力的因子，如运斧斤以成器皿；有充足的因子，如各种条件的具备、境地的许可、时间的充分之类。

---

① 李安宅："给青年一面镜子"，卅年五月五日兰州《现代评坛》第六卷第十二期至十七期合刊。

站在分工合作的立场来说，致力于某一因子之完成或各种因子之凑合，不已够了吗？何必功必己成，更何能功必己成呢？倘欲向主管机关报功吗？倘欲自显身手以求英雄主义的满足吗？将兵不如将将，君子不器，适以随缘而器。补漏益缺，分工合作，善与人同，岂不高风亮节，愈见其伟大呢？何况目的既在成功，则因合作而目的速达，更何必悻悻然逞一己之私肌，狷狷然恨他人之有得呢？

至于广义的成功，更当多多影响旁人以使同志成为大我，随时领导而且预备继承的同志以使大我赓续不歇，乃能避免挂一漏万与夫人存事举、人亡事息之弊。最能服务的人，最享盛名的人，常是不求己名，而努力于大我的扩展与绵延的。若夫实至名归，乃是可遇而不可求的事了。曾左*的事功，岂是与人争一技之长、一事之专而得者？成功不居（都给当时的亲贵），过则归己（屡疏自劾），只图有服务的机会而已，只能和衷共济、推心置腹以使自我之空间化（扩展）而已，汲汲援引以使自我之时间化（赓续）而已。当时论书法，论谋略，论武勇，论文章，贤于二公者比比皆是，倘二公皆欲一手包办者，哪里还能有伟业丰功的出现呢？二公为曾掌权者，或可勿论。试问数百年前成就临洮为今日甘肃文化中心之杨椒山**先生，其勋业是来自包办呢？还是来自无我，因而成大我呢？更可深长思求其故了。

---

*　指曾国藩、左宗棠。

**　杨椒山（1516年—1555年），原名杨继盛，字仲芳，号椒山。因上《请罢马市疏》弹劾咸宁侯仇鸾被贬为狄道（即甘肃临洮）典史。仇鸾获死后，杨椒山奉诏回京。不久，又因上《请诛贼臣疏》奏劾内阁首辅严嵩被杀。

第四，社会工作不是感情冲动的。因为感情冲动而从事社会工作者，不是临时弥补而忽视因果关系，就是主观措置而不问客观福利。譬如讨厌乞丐而随便给他一点钱，挥手使去，不但无补于贫穷问题的解决，反或增加依赖风气的流行，便是主观措置的例子。主观措置常是表面为公，实际为私，正是为此。其他为了慈善之名，维持慈善机关，以致养痈贻害，反使被救济者永无自力更生的机会，社会工作史上例证繁多，不胜枚举。

再如注意疾病的治疗而不注意疾病的由来，悯惜童工的苦难而不提倡童工的保障，同情罪犯的陷入法网而不思引诱条件的铲除与常态生活的设备，救济不幸妇女的堕入深渊而不思妇女职业的设施与正当娱乐的代替，都是临时弥补而忽视因果关系的例子。临时弥补于问题之已发，用意并非不善，但恐不得预防问题之未发，不得正常积极之调适，则头疼治头，脚疼治脚，越弥补越无正本清源的一天罢了。

社会工作的办法便不如此。社会工作者处处根据社会科学的启示，知道社会现象的因果关系，又有科学技术的工作训练；故既从事消极的救济，更且推动积极的建设；既不忍无告者之无援手，更且助之自助，以至恢复正常生活而不被社会所歧视。因为如此，所以没有赫赫之功的工作，虽似远年有用近不见效，而实际则为正本清源的工作，乃是社会工作的另一特点。

根据以上四方面的比较，我们可以归纳起来，证明社会工作的性质，乃是一点一滴，经常创新的；一步一步，不求近效的；避名求实，善与人同的；助人自助，而不越俎代庖的。归根结底一句话，社会工作乃是一套软工夫，一套软中有硬的工夫。

一般人不安于软工夫，故真正社会工作者很少；瞧不起软工夫，故社会工作者常被视为不革命。又有人怕他软中有硬，所以社会工作者又被视为捣乱分子。在机械主义的革命派，他是反动的；在享受主义的安闲派，他是多事的；在功利主义的经验派，他是玄想的；在禄位主义的行政派，他是不安分的；在保守主义的反动派，他是过激的；在天才主义的理论派，他是一无足取的杂货摊子。

诚然，他是杂货摊子，因为社会本身乃是杂货摊子。在静态的理论，我们可以有独出心裁的作家；在偷巧的事功，我们也可以有一箭双雕的机会。然而社会是动态的，不是静态的；社会工作是艰苦的，不是可以偷巧的。所以社会工作者不求一箭双雕的技巧，正要愚不可及的万箭穿心的工夫，凑合各种方法，以求问题的解决。不求"惟古于词必己出"，正要"卑之无甚高论"的庸言庸行，以求当于事理而已。说得不好听，便是杂货摊子；说得好听，便是兼收并蓄。故社会工作者得到任何片面立场的非难，也就接受一切立场的好处。入而不主，出而不奴；自非特立独行之士不易有此。

然而社会工作被人非难之处尚不止此。大多数人以为社会工作的对象乃在社会问题，社会一旦到了理想境地，没有问题了，便不需要社会工作了；故社会工作者的职业，乃是过渡的，不是永久的。人情喜常而恶暂，故社会工作不是受人尊敬的职业。

这种看法足以影响工作本身的健全与否，不得不辩。我们要知道，任何事业没有经常不变的，可是职业可以不变。譬如从事工程的人，这一段工，那一段工，是可以变的，而且无法不变。至于工程的职业，则兴造不停，职业不废。从事社会工作的人，亦是如此。这个问题，那个问题，是可以解决的，而且我们也希望非解决不可。可是社会一旦不取消，则社会工作便是永远需要的，盖社会不论怎样进步，怎样达到理想的境地，也有几种漏洞成为问题，需要社会工作者加以谋求适应的工夫。

第一，一种制度永远有个趋势：要为制度而制度。有一种社会需要，便产生一种社会制度，为了满足那种需要，自非加强那种制度不可。可是制度加强以后，就易忘了原来的需要，而谋制度本身的存在。需要譬如目的，制度即是手段。手段尚未建立的时候必要提倡，手段不与目的相称的时候必要改革。不管是提倡还是改革，都是社会工作。这种建立与改革乃是经常的社会过程，所以社会工作永远不会取消。

第二，制度与制度间的适应，个人与制度的适应，也是经常的过程，所以社会工作也就永远不会取消。譬如：父慈子孝是宗亲原则的制度，忠党爱国是公民原则的制度。两种制度发现抵触的时候，慈父而要勉励其子去牺牲，孝子而要劝慰其父在割爱，便是制度与制度间的适应。我们抗战建国还不是这套工夫吗？社会工作还不是在各方面促成这种局面吗？社会越进步，则这样大系统调适小系统的工作更多。故社会工作不因社会进步而减少，乃因社会进步而加多了。譬如先天禀赋有内向的，有外向的；有自我强的，有自我弱的；有沉郁而好思维的，有活泼而好表现的。则在某种制度之下，某种禀赋自然相宜，另种制度之下天然相反。所以为了社会谐和起见，在某种条件以内，外者内之，内者外之，强者弱之，弱者强之，沉郁而思维者活泼而宣泄之，活泼而表现者宏毅而收敛之，便是个人与制度的适应。社会不进步，技术不高明，无暇顾及于此，即欲顾及也无办法。社会越进步，最低限度的衣食住没有问题了，所以要求生活得更美满，更舒畅，所以精神健康的社会工作乃越发达了。精神健康没有止境，社会工作还有取消的时候吗？

如此，社会工作的性质在其实施与其基础上有了大体的认识，知道此类工作绝无止境而需要专精的训练了，我们再就当前社会工作的类别及其趋势稍稍介绍一下，以作本章的结束。

社会工作的类别，就性质来分，有事后的救济，有事先的预防或福利建设。如门诊施医属于前者，公共卫生属于后者。就方法来分，有机关以内的工作，有机关以外的工作；有集体的工作，有个案的工作。如残废院，是机关以内的工作；养子安插，是机关以外的工作；游艺竞赛，是集体的工作；家庭福利、心理分析，是个案的工作。

再就主动者来分，有私人的工作，有公家的工作。就对象来分，有济贫、治病、法律扶助等因问题所在而有的工作；有养老、育幼、救济不幸妇女等因性别年龄而有的工作。至如两性教育、民众组训、社会保险、劳动立法、职业指导、扫除文盲、合作管理等，或者列入社会工作部门，或者另有专司，均看行政如何方便，并不妨害其有社会工作之性质的。

论及社会工作的当前趋势，很显然是由私人走入公家，由救济走入预防，由散漫走入组织，由慈善走入专业化，由包罗走入个别化织，由热心走入技术化了。就中以组织为运动的中心，以技术为方法的中心。所谓组织化，以民众组织为我国最新趋势。至如社会部、社会处以下各机构之设置，亦在此一趋势之中。所谓技术化，就是科学化，可以包括以上六者而为其主要趋势。譬如问题的研究、专门的知识、客观的诊断、方案的设计、实施的体验、整个过程的纪录、全体国民的训练与组织，均变为现代社会工作的必要步骤，惟公家举办始有力量，惟预防设施始造福利，惟组织社区始得普及，惟专业成就始能客观，惟个别处置始可收效，惟技术清晰始得具体而能推广；亦惟六者备，始获"研究、服务、训练"三位一体，一面解决社会问题，一面造福社会各级层，而且明了透彻，日进人类于健举高翔之域。

第三章　何为边疆社会工作？

我们在第一章，已经讨论过边疆的意义以及边疆工作的原则，又在第二章讨论过社会工作的性质、类别与趋势，故本章的目的即在说明所谓边疆工作主要乃是社会工作。

为甚么边疆工作主要乃是社会工作呢？我们可用两种方法来说明，一种要看边疆工作都有甚么，以明社会工作才是主要的工作；一种看传统的做法曾是怎样，以明非用社会工作的态度与技术不能进行边疆工作。

对于边疆，我国的传统做法曾是怎样的呢？

唐以前可用陆宣公[*]的分析来代表。陆宣公"论缘边守备事宜状"[①]曾说道："……制御之方，得失之理，备存史籍，可得而言。大抵尊即序者则曰：'非德无以化要荒。'曾莫知其威不立，则德不能训也；乐武威者则曰：'非兵无以服凶犷。'曾莫知德不修，则兵

---

[*]　即陆贽，嘉兴人，字敬舆，唐德宗时为翰林学士，甚受宠幸，号为"内相"。官至中书侍郎，同平章事。在朝多论谏，言皆剀切中肯，后世多作为奏议的典范。

[①]　《陆宣公全集》，卷九，《中书奏议三》，页一一七，世界书局二十五年版。

不可恃也；务和亲者则曰：'要结可以睦邻好。'曾莫知我结之，而彼复解之也；美长城者则曰：'设险可以固邦国，而扞寇雠。'曾莫知力不足而人不堪，则险之不能恃，城之不能有也；尚薄伐者则曰：'驱遏可以禁侵暴而省征徭。'曾莫知兵不锐，垒不完，则遏之不能胜，驱之不能去也。议边之要略尽于斯，虽互相讥评，然各有偏驳。听一家之说，则理例可征；考历代所行，则成败异效；是由执常理以御其不常之势，徇所见而昧于所遇之时。"[1]

　　唐以后以至现在，不管理论如何，其见于实施者可引王拱璧先生一段文字。这其间，有与以前相同者，有为以后所加者。王先生归纳的结果是这样[2]：

　　（1）怀柔法——以"柔远人则四方归之，怀诸侯则天下畏之"，"君子耀德不耀兵"一类的典范为原则，主张以德化，不以力服；重玉帛，不重干戈。如帝尧以文德化苗……即其例证。这是我们古圣先贤最高的治边方法，也可说是王道的一体。不过古今社会多有不同，今日言政已非空洞的"舞干羽""执玉帛"，或偶然的"宣示德意"所能济事。

　　（2）威胁法——与怀柔法为对面，凭借武力，劳师縻饷，以期征服四夷，树威定霸。胜则"扫穴犁庭"，败则"埋骨荒外"；或恐声威失效，征调过烦，则戍边以守，屯田以备。……这种传统的征剿政策，可以镇慑一时，但最高限度也只能镇慑一时，结果是征剿不能消灭仇恨，而是越征剿仇恨越深。

　　（3）羁縻法——既不用怀柔之德，又缺乏威胁之力；或以文德

---

① 《陆宣公全集》，卷九，《中书奏议三》，世界书局二十五年版。
② 王拱璧，"解决夷务问题的历史检讨"，成都党军日报，《边疆过刊》第三期，三十一年四月三日。

为迂阔，威胁为耗费，便采用若张若弛、不即不离的羁縻政策。设土官、颁赐封典赏号等，皆此策之较著者。这种办法多半是在应用威胁法不见功效以后，当然可以牢笼一时，终非彻底解决之道。

（4）攻心法——这是斗智于勇、寓德于威以压倒的战略战术，出奇制胜，同时刀下留情，以使边民力尽心折、不能不低首降服的办法。这种办法虽仍有人主张，但似乎都不如当初孔明南征时作得"拿手"。可是不出数年，南人仍然是"反"。*

（5）坐质法——边民被武力征剿降服以后，犹恐其不守信约，责令选出本族重要人物，拘禁于略似监狱的"夷卡"以内，轮班作质。嗣后如在该部族势力范围内发生捣乱等情事，即令质者制止或赔偿。否则即将质者量予处置，以示抵补。此法在清代颇为普遍而且严峻，质者每每死于卡内。此处还有一种变相坐质法，即所谓"当差"是。其作用与"夷卡"略同，惟行动范围较广而已。……这种"挟制"办法，听说确使他们有所顾忌，但亦可使他们怨恨更深，而常发生结队劫卡情事。

（6）离间法——分析各部族间恩仇亲疏的关系，从中挑拨离间，然后助甲攻乙，帮乙打丙，利用边民"打冤家"**一类的弱点，使他们自相残杀。帝国主义即利用此法控制其殖民地，而美其名曰"间接统制法"，即"以夷制夷"是。我国既已一视同仁，幅员以内均为国民，自不应出此一途。

（7）教导法——根据"用夏变夷"原则，诱导边民，沾染汉

---

　　* 三国时蜀汉丞相诸葛亮征南中，七擒七纵孟获，使其心服降顺。但南中平定后六年，夷帅刘胄又叛，再派马忠征讨，才平定。

　　** 部落与部落，或村寨与村寨间，因结仇而发生的械斗，称打冤家。这种械斗常造成大量死伤和财物损失，而使仇恨愈深，绵延许多代。

化，输与新知，革其陋习，以期从观念上发出向心力量。由李唐召集夷民子弟于成都施行教导，以致今日之边民学校，皆属此类。然观李唐教导结果，夷民大举攻破成都三门时，其领队头目几尽为当日曾受教导者。今日边民亦多视入学者"当差"，其故盖因此等教导不与实际生活发生关系所致。

（8）军政参用法——此法系采上述 1、2、3、7 各项办法，参入现代政治，综合为"几分军事，几分政治"。一自"改土归流"*开端，至今已渐具体化，当较前此进步不少。惟成效尚未大著，良因边民不但反对军事，亦且不喜接受政治。问诸边民，乃知亦因此法不能适应其实际生活之故。

以上各种办法的内容及其影响，大体来说，不出三种要点，即：一、歧视边民，成见太深，未将边民看作国民；二、忽视边民生计，不论重威、重德，或德威并重，军政参用，以及利用羁縻教导诸法，均未改善边民生计，因而边民生活形态迟迟不进，文化水准至今还带原始色彩；三、证明边疆问题至今还是问题。

总结以上的分析，我们知道：过去对于边疆只有军事与外交的方式，即所谓政治，也限于管与教，而未顾及养与卫；更不用说，即管也未彻底，而教只在形式了。彻底的管，实际的教，当与养卫打成一片，那就是积极的福利设施。

在过去，将边疆看成敌国，故只能用军事，用外交；即不看成敌国，也只看成藩属，故管与教不能彻底，不得不采取形式主义如是否"披发左衽"是。到了现在，国土以内都是国民，一切边政都不能超乎对付一般国民的办法。故军事只有警察作用，而信使往还，折冲樽俎之间的外交便根本用不着了。警备的军事，

---

　　* 即废除土司制度，以流官治理民族地区。

是备而不用的军事，不是几分之几的军事。几分之几的军事，是征服的办法，不是对内的办法。将征服者对内，几分都是错的。维持治安而有警备，有备即可不用；情势所迫，偶尔一用，适与管教逃学的学生，惩治不服兵役、不纳赋税的百姓一样，乃是政教应有的含义，自无与之对待而比例成几分之几的道理。

那么，到了现在，国土以内都是国民，一切边政都不能超过对付一般国民的办法，哪里还有甚么边疆工作呢？这种解答，要在边疆之所以为边疆中去寻求。

看边疆不应看成敌国或藩属，乃是时代的问题。在过去帝国主义的时代，边疆本来是敌国，是藩属，我们现在是三民主义的国家，在民族民权的看法上，边民是同我们一样的，所以一切行政都不能超过对付一般国民的办法。

然而一般国民又有占优势与不占优势的分别。为了保障那些不占优势的国民，而且保障得普遍，我们不能不有社会立法与社会行政。社会立法之与普通立法，社会行政之与普通行政，可以并行不悖地普遍应用于全国以内。他们所以不同的地方，乃在普通法律普通政治未能加以保障的部分，未具正式机构的功能，社会立法、社会行政起而予以适当的保障，予以正式的机构。然正因其不在普通法律普通政治范围以内，所以用意尽管是积极的，影响尽管是普通的，步骤尽管是事先计划的，而其下手常是软的工夫，不是硬的迫力。

我国幅员以内，或者地势高寒，或者沙碛不毛，或者低湿瘴疠，因而交通不便，人口稀少，生产落后，以致言语风俗分歧复异，形成文化上的边疆以及国防上的边疆者，面积之广，问题之重，自属不容讳言。是故，文化上的边疆，因有强邻的窥伺，其保障之不具备，更属显然易见的事实。然而，如何改变其原始状态，使其发展成抗战建国的后劲；如何建立起心理的国防，使其不为慢藏海盗的媒介，则因交通的阻塞、人口的稀少、生产的落后，以及风俗语言的分歧复异，再加以治边机构未得发挥其功能，都使我们非用软的工夫不可，而硬的迫力必致偾事。

所以不将边疆看成敌国或藩属，乃是时代问题。然在同一时代以内，仍有占优势的国民与不占优势的国民。为了保障后者，仍不妨（而且需要）多加一套社会立法与社会行政以作一番软的工夫——一番软中有硬的工夫。这种工夫，即我们在第二章所讨论的社会工作。这对任何缺乏保障的国民都是如此，边民自不例外。惟如上述，整个的边疆都是需要保障的，所以对于整个边疆都需要下一番软的工夫——一番软中有硬的工夫；那即是说，对于整个边疆都要进行社会工作。所以尽管在全国大一统的局面之下，也在时代问题以外，还有一套因地制宜的问题。为要因地制宜，才在全国一致的法律与政治之外，另加一套办法。这种多加一套而予以保障的办法——不是另外一套予以歧视的办法——就是客观需要边疆工作的道理，也就是边疆工作之所以为社会工作的道理。

以上说明了过去的边疆因未采取社会工作的原则而失败，以下再看边疆都需要甚么工作，以证明它们都应属于社会工作的范围。

根据我们在第一章进行的讨论，解决边疆问题的主要路线，不出区域分工的生产建设，与公民原则的精神建设。细分起来，则生产技术的发展，如牛羊驼马的数量增加与品种改良、牧场牧草的合法管理与科学培养，以及畜牧副产品如皮毛骨角乳肉的工业化；天然富源的培植与利用，如林木与药材的种植，以及矿产的探采与水利的修建；社会福利的设施，如人口的扶植、疾病的防治、习尚的改正、公民的教育；以及促成以上各种事业的开发交通、便利文化接触等等，举凡农耕以上的区域可使社会工作与政教建设分头进行者，及在游牧区域的边疆，都非以社会工作为出发点不可。盖以一般法律、一般政治到了边疆，因为没有共同民风作基础，必至格格不入，无法接受或推行的缘故。我们在第二章以为制度与制度间的适应是社会工作，正好以此为例证。

试将以上各项加以分析，社会福利的设施不必说，当然属于社会工作的范围。即就开发交通一项，岂是纯粹的工程所可为力者？我们去造路，而路不是通过毫无阻障的地带的。物质的阻障，当然属于工程的范围。可是社会的阻障呢？内地尚且偶尔遇到抗拒修路的情事，何况不明造路用意的边疆？边民视同化为侵略，则促成文化接触的交通，在未使之明了以前，自要视为侵略的工具。视为侵略工具，交通便无望了。故为接近边民，取得他们的信任起见，必先有事于"社会工程"，即社会工作是。倘在交通一项类乎纯粹工程者尚且如此，则其他方面可想而知。盖发展生产技术，培植或利用天然富源，下手工夫均不在专门知识的运用，而在怎样被人接受、怎样使人欢迎初步的表证。倘若下手不得，则有天大本领，且将何所用之？不用说惊动山神土地那一类的阻力，即纯就理智而论，他们没有那些新的花样，已在世世代代绵延不绝了，那里会有自发的要求，会说功效未见而当前的传统已被破坏的事业竟是好处呢？况且说，被人歧视惯了、欺骗怕了的边民，再加上有利可图的居间人从中挑拨，即使承认那些花样都是好的，又有甚么保证，说是那些东西的背后没有别有用意的作用呢？

故为使人乐于接受，争取表证机会起见，必自接近边民，获得他们的信任始。这样作，而且自觉的、有条理的、忍耐而不懈怠的作，便是社会工作。有了普遍的社会工作在边疆，才会创造出分工合作的沟通文化的基础，才会实现了生产建设与精神建设，而使一般法律一般政治树立得起来，推行得下去。故就下手而论，这是软性的；但就结果而论，便是软中有硬的。这样，才是正确的社会工作。不由社会工作入手，而由一般的法律、一般的政治入手，就是边疆口号越高唱入云，越使边疆问题层出不穷，而且每出愈奇的缘故。

由此可见，归根结柢地说，边疆工作主要乃是社会工作。这工作，要有平易切实的手段、宽大庄肃的态度、母鸡孵卵的工夫、充实一致的机构、常期推进的计划，一扫有清以来养痈贻患的羁縻作风，或者轻于发政施令自失威信的功利主义。实施处平易切实，只求远功，不求近利，自然宽大庄肃，小事而以全力赴之，不容任何居间分子羼杂掣肘，而且持之有恒，不达目的不止，自然诚信交孚，一切风靡景从。所谓必有事焉，丝毫放纵不得——放纵则资以坐大。所谓廓然而大公，物来而顺应，胸中本无芥蒂焉——有芥蒂，则失其自新之机。

家天下之专制时代，既不能胸无芥蒂，又不能经常必有事焉，故怀柔挞伐，两无是处。民国以还，久无余力及于边陲，放纵既久，社会距离越大，从头作起，自然弥补困难。然当抗战建国的迫力急转直下的时会，天涯咫尺，一切距离已经缩短，正是经营边疆的绝好机会。

利用如此非常的机会，应以军事的打算，进行福利建设的工作，即以建设的事功代替军事的行动。所谓军事打算，乃以用于军事者用于福利建设。以用于军事者用于福利建设，自不惜初步的费用。所谓以建设的事功代替军事的行动，意在建设成功，便无军事的需要。盖肯于用军费，则建设必成而减少不必要的军费；不肯于投资建设，则军费徒耗而无长治久安的效果。

陆宣公批评唐以前的边政，坐在"执常理以御其不常之势，徇所见而昧于所遇之时"。王拱璧继起的分析，以为歧视边民，忽视边民生计，乃是边疆问题至今还是问题的缘故。讨论到此，则现在的势与时，正宜引用公民原则，与夫区域分工的生产制度，而以社会工作的方法进行福利建设的事业，应属自明而不待争辩的结论了。

第四章　边疆社会工作所有之困难

上一章我们已经讨论过，一切边疆工作，主要应为社会工作。社会工作，根据第二章的分析，本来不是容易的工作，而边疆社会工作还比其他各处的社会工作，更有难上加难的情形。为了工作进行顺利起见，我们不能不预先指明难在甚么地方。所谓"知己知彼，百战百胜"，知其难而思所以克服之道，则难者不难；不知其难，而贸然从事，便致错失百出。实际说，从事边疆工作者每每不免失败的原因，大半即在不知困难所在。不知困难所在，便不能先有准备。不能先有准备，故于临时措施，不易达到圆满适应的程度。在这里，对困难之点尽量加以分析，当为本书应有的含义。

那么，边疆社会工作还比一般社会工作难上加难的情形在哪里呢？我们可分两方面来说：一为内在的困难，一为外在的困难。

边疆社会工作的内在困难，一因边地物质条件不够，一因边民了解程度不高。

关于边地的物质条件，试一寻绎边疆的含义，便可显而易见。试问所谓地势高寒，沙碛不毛，或者低湿瘴疠，因而交通不便，生产落后，人口稀少之类，所表明的是甚么呢？还不是生活水准甚低，无法与内地情形相比吗。当地出产既少，外界输入又不容易，过惯了内地生活的人乍到边疆，自然困难了。

举例来说，吃惯了大米的人到了边疆，根本没有大米可吃，哪能不叫苦连天呢？游牧区域的边疆，在藏民吃的是青稞（一种大麦）炒面、糌粑再加上茶泡酥油。在蒙民吃的是炒米（一种小米）也加上茶泡酥油，都以奶渣子（其味酸）、牛羊肉为佐食品——蔬菜与猪肉根本是难得的，而在回教圈内且以猪肉为禁忌。所以不惯酥油味、膻腥气，而非猪肉、菜蔬、大米不能下咽的人，简直无法生活了。坐惯了车船舆轿而遇到骑马，睡惯了软床细缛而遇到火坑土铺，看惯了明窗净几与夫厨房客室而遇到不通光的屋子，或者牛羊粪的炉灶，与牲畜挤在一起的住所，其困难也是一样。

在过去，到边疆是不得已，诚所谓"惯于温饱，狎于欢康；比诸边隅，若异天地；闻绝塞荒陬之苦，则辛酸动容；聆强蕃劲虏之名，则慑骇夺气。而乃使之去亲族，舍园庐，甘其所辛酸，抗其所慑骇，将冀为用，不亦疏乎"？[①] 及至边疆变成口号以后，本来为了打招牌、写故事，而走马观花，而道听途说的，不必说了。只可惜抱了很大的热望，亲友称赞于前，报纸鼓吹于后，自

---

① 《陆宣公全集》"中书奏议三"，《论缘边守备事宜状》。

动"深入"边疆的，因为没有先事的预备，以致结果误人误己，也不能算作少数。始而咬着牙，皱着眉，不断地说："我吃苦来了，吃苦来了。"继则发现苦既不能吃，而又限于虚荣心的维持，不便道出真相，所以无事生非，以图弄成不得不去的局面。局面使他不得不去，他便可以不负责任了。然而他算不负责任，可是边疆工作的局面便糟了。

这还只是谈到因为衣食住行而有的物质困难。再进一步，谈到工作本身，也是当代文明毫不费事的事，到了边疆，便要大费周章。边地根本不出产的东西因为运输困难，设备不齐，自不必说；即原料本有而匠人为难，已够费时失事了。譬如简单的桌椅不能不备，粗陋的器具不能不有，而这些东西既不如内地有现成的可购，又不如其他地方人工与材料两全，可以直截了当地鸠工庀材。故边地一切，常是生产、搜集、加工、配备联成一环，缺一不可，大有蓄三年之艾以疗一时之疾的情形。所以事先没有准备，都有远水不解近渴的毛病；不能时时寻求所以克服难关之道，必致事事变作不得举办的口实。

关于边民的了解程度，也在边疆含义以内可以寻绎出来。然而"到边疆吃苦"，谁都知道，系因物质条件不够，然很少有人知道，更因边民了解程度不高。物质条件不够，谁都知道了。尚有种种适应上的困难，了解程度不高，很少有人知道者，则其适应困难，更不可以道里计了。所以胜不过物质困难的不必说，即胜过物质困难的，也会因为不被了解，而不免怨天尤人。每每听见有人说："吃的住的不好，不算甚么；惟独人家造谣生事，动辄得咎，真是没有好人走的路子了！"殊不知边疆之所以为边疆，不但因为控制自然的能力低（这不妨忍受自然的能力高），而且也因一般文化水准不高，以致了解程度不高。

边民为什么了解程度不高呢？

第一，因为孤陋寡闻。根据边疆地形，自然生产落后，交通不便，而人口稀少。人口稀少，便使文化单调，而无各种专业合作分工的复杂生活。单调而不复杂，则已知已见者为天经地义，而无容许其他型类存在的余地。一切原始民族都以自己民族为"人"，自己宗教为"教"，自己地方为居天下之"中"，而以其他民族为"外人"，其他宗教为"外道"，其他地方为"外邦"。相对观点（即设身处地的观点）到了今天的我们，除"外道"尚有"异端"的色彩以外，"外人""外邦"似乎都少褒贬的意味了——似乎忘了那是"鬼子""夷狄""番邦"一类的代名词了。可是没有经过我们这样心理改变的边民，一切异言异服都是不齿于人类的。所以单调而不复杂的文化，加上地形的限制，交通的困难，以及因为生活落后而没有大量购买力，便使边民没有接触外来文化的机会，没有吸收外来文化的需要。既不需要吸收，又无接触机会，哪能不继续单调下去呢？继续单调下去，哪能不孤陋寡闻呢？孤陋寡闻的边民，一旦遇到异言异服的边疆工作者，哪能即刻接受而了解呢？

第二，因为文化不同。边疆是以游牧为生的文化，内地是以农耕以上的生产技术为基础的文化。以游牧为生，自然是"韦鞲毳幕，以御风雨；膻肉酪浆，以充饥渴"[1]；"强者乃以水草为邑居，以射猎供饮茹；多马而尤便驰突，轻生而不耻败亡"[2]。根据这种物质文化的基础，便有不同的精神文化。譬如边民取得社会地位的

---

① 李陵：《答苏武书》。

② 《陆宣公全集》"中书奏议三"，《论缘边守备事宜状》。

方法，除了承袭贵族的血统与夫被人发现为活佛以外，后天所可为力者不出两途：一为入寺当学者，一为劫掠做武士。我们说遁世生活会使人口减少吗？他们正好说人口过剩为战争的根源。我们说路劫偷盗为不道德而且犯法吗？他们正好说大丈夫的行为当然是取"彼群"以益"我群"的。盖文化型有其整个性，是非曲直必用同一文化来衡量。执甲文化以批评乙文化，标准不同，便无法使人折服。所谓"断鹤续凫"，两无适处是。沟通文化者的责任要在就甲论甲，就乙论乙，方得相契于心。然后提出人之所以为人的大标准（活得要好），即将甲乙丙丁等个别不同的方便法门（已有的活法）纳于同一水平之上（都是方便法门），方有比较的余地。这比较，不是就甲论乙，就乙论丙，乃就为人之本，看看某一方便法门更较合理——即适于平均发展是。如此，我们的短处当然可以承认，而我们的长处不妨可以贡献；边民的长处我们当然可以接受，而他们的短处不妨可以批评。然而这种比较文化学的观点，在一般受过新式教育者尚感困难，何能责诸普通边民呢？再加上语言不通，哪得即能了解呢？

第三，因为社会距离过远。距离是空间的名词，引申而为时间的名词，都是自然科学范围以内的概念。然而在社会科学范围以内，说到人与人的交互作用，便再引申一步，而有社会距离一概念。所谓社会距离，即在同一时地的人，也因彼此影响有多有少，而有或近或远的距离。这种距离系因社会地位而来，致使地位不同者无法自由交往，因而减少交互影响作用，故名社会距离。

我们已在上面说过，了解程度不够系因孤陋寡闻，与夫文化不同。然因社会距离过远，彼此不能采取设身处地的看法，当然更使彼此不能了解，而且也就促成孤陋闻寡与夫文化不同的缺陷。

社会距离所以过远的原故，就在边地视察所及，盖由两种现象：一为双方知识分子没有接触的机会，一为双方之间不免居间人的捉弄。

所谓双方知识分子没有接触的机会者，边地知识界很少到内地来，内地学者很少到边疆去，自是显而易见的事实。即使彼此都到文化中心了，如已故班禅大师*与夫现在的喜饶嘉错**及东本等格西***之到内地，历届之学术考察团之到边疆，因为语言不同、生活方式各异等关系，究竟接触了多少对方的学者而能相契于心呢？还不是依然在同一时地而无法自由交往，因以社会距离甚远吗？至于从来不出当地的学者，彼此不明各有各的优点，其社会距离当然远而又远了。进一步说，带着边民没有教育的心理而乍到边疆，素来即认内地之到边疆者为"汉丐"，为"黑民"的心理而遇到乍来的"中原人"①，彼此假定既已错误，当然不易再有机会发现可教可爱的对象了。譬如说内地人乍到边疆所遇到的是满目污秽、触鼻的腥膻，以及不懂经典的流浪僧侣（喇嘛），如何亲善得来？同样，边地学者深居简出，静修在寺院内，偶尔听到见到的内地人都是不崇正法、不识文字，而趾高气扬的，如何看得上眼？盖法其所法，字其所字，我们不识他们的字即等于不识字。

---

* 指九世班禅曲结尼马（1883—1937年）。

** 著名藏族爱国宗教人士，1949年后曾任中华佛协会长。

*** 格西，意为"善知识"。藏教中获得学位高僧的尊称。

① 藏人称当地汉人为"汉丐"，因来源为逃难者；蒙人称当地汉人为"黑民"，因系蒙人佃户之佣工，以别于普通人（佃户）与贵族者。这两种称呼，都反映汉人在边疆的实际地位。这地位，大与一般呼"开发"的人所想象的相反。至于不带贬词的称呼，则视一切内地去的人为"中原人"。中原人即在边民心目中等于"中央人"，所以任何内地人在边疆，不管实际职业如何，都于行为关系上响影边民对于中央的态度。

字且不识，怎懂经典？经典不懂，还谈甚么学问？如此，一般代表知识分子的僧侣视外来者为魔，一般代表内地文化者又视僧侣及其他当地人为怪，自是逻辑的结论了。逻辑的结论如此，社会距离自更远而又远了。

所谓对方之间不免居间人的捉弄者，盖因不通边疆语言的到边疆，与不通国语的边民与"中原人"办交涉，不出两种媒介。一种是商人，一种是"通事"*。惟利是图的商人当然管不着甚么民族感情，或者甚么文化调协。收入的权衡大，售出的权衡小，这种常例不必说。一般看见的，利用边民不识国文，致将法币**额面价值小者当作大者用，甚至拿着冥钞当作法币用。如此，边民一旦接受了再也用不出去，怎怪他们期期然惟硬币是求而法币是拒呢？日用的货币尚且如此，何况其他更较抽象的行为标准呢？至于不学无术的"通事"，翻译的术语不出营商的范围，甚么政教典范根本谈不到，对于双方的身份尚且介绍不清楚，还能希望他传达双方意见，得体尽用吗？这还就着他的本身限制而论，若以惯有的情形，如别具肺腑而论，贻祸偾事，乃是谁都知道的事实，更属不待烦言了。媒介如此，直接接触如彼，则彼此的社会距离怎能不远呢？

边地孤陋寡闻，不与内地文化相同，社会距离又远，便是边民了解程度不高的理由。了解程度不高，物质条件不够，促成边疆社会工作的内在困难，已如上述。以次且将其外在困难加以讨论。

所谓边疆社会工作的外在困难，乃在边疆本身条件以外者。这种困难，可分为三方面来说：一为由于历史的背景者，二为由

---

* 即翻译。

** 法币，国民党政府发行的一种纸币。

于工作的机构者，三为由于工作的方法者。

由于历史背景的困难，一在最初接触不幸，一在宾主形势不伦。原来前往边疆的人，不是发配充军的，就是铤而走险流离失所的。这些人就是过去"开发边疆"的基本力量。这种力量，运用既已不得其当，又与广大的边疆相比，顶多产生"少数群"的作用，所以不但不能开发边疆，反被边疆所开发了。结果，没有习得边民的好处，反而习得边民的短处；没有保留内地的优点，反而传播内地的劣点。这种进退失据的"少数群"，或者可以叫作两种文化的"限界群"：他们做了"前人撒土后人眯眼"的先锋队，致使一切后来者均被视为一丘之貉，此之谓因为最初接触的不幸而有的困难。

另一方面，我们的边疆，我们的同胞，我们却很少熟习他们的情形，尤其缺乏长期相处的文化机关。反倒是外国的传教士布满阵线，经常接触。不但一辈子而且几辈子锲而不舍地工作下去。他们有基础，我们甚么也谈不到。我们有人偶尔去了，以为经过千难万苦了，殊不知外国传教士竟有在那里长大的！曾经有一位新由大学毕业的青年，感觉到边疆陋习甚多，不足为外人道。可是一位老传教士告诉他："我来此地的时候，你还没有降生到世间哩！我们还是开诚布公地谈吧！"在这种情形之下，不管他们高明与否，诚意如何，只是他们久居边疆，对于新中国的光明方面是很少了解的，对于旧中国的黑暗方面则是饱经世故的。他们历史长，情谊厚，或有房产，或有土地与民众，而且他们是外面世界的惟一代表。他们要专利这种局面，"以使四极归主"。不知不觉中忘了他们乃是上帝另一种子民当中的侨民；以致自由惯了，新设局县要看他们的护照都是甚么侮辱。一切新由外面去的中国人好像都是好管闲事的侵犯者。然而究竟他们有历史，通语言。谁要到了，无形中要在当地心目里面经过他们一番解释。解释正确便好，否则一有偏见，内地人就要困难多端了，此之谓因为宾主形势不伦而有的困难。

由于工作机构的困难，主要乃在任期不久，职权不专，责任不明。不管中央机关，还是地方机关，常是朝令夕改，以致信用扫地。而且政策不变者，人事变动又太大。常见边民说："假定你们的主意都是对的，我们照着你们的主意办，可是有谁保障，这一批人走了，那一批还是照旧呢？而且你们都走了，我们自己的头目又有甚么保障不向我们算账呢？"这一层的困难已就不易克服了，何况没有人去的地方便一个机关也没有，一旦有人去了便各种机关叠床架屋层出不穷呢？边民还不曾认识每一机关的性质，一切机关便已因为职权不专，责任不明，闹得一塌糊涂，表演笑话给他们看了。边疆工作者应付这类问题之不暇，如何努力工作本身范围以内的事呢？然于此点，以下一章尚有详为论列的必要，且到此处为止。

至于工作方法上所发生的困难，不外由于根本假定不健全，与夫准备条件不充实的缘故。"工欲善其事，必先利其器。"实际从事边疆工作而无关于此项条件的准备，当然不会成功。"不以规矩，不能成方圆。"实际从事边疆工作而不明此项工作的方法，没有此项工作的指导原则，当亦不会成功。这种不成功，与其责难当前工作者，无宁责难指导机关为合理。然而舆论不够开明，动辄以张骞、班超期望于人人，亦非某一机关所可为力。我们在上一章讨论历来边疆政策所有的得失，下两章更要阐明边疆工作所需要的条件及其实际方法，便是要克服这种困难。我们所要贡献的意见，不但根据实地经验，亦且依照"应用人类学"的通则。应用人类学即是边疆社会工作学。只因舆论不够开明，所以热心边疆的人与机关尚多彷徨歧途，而不知有所取法。"病病然后不病"，舆论界尚不知病之所在，便是外在困难远大于边疆内在困难的缘故了。

不过，边疆工作困难虽多，而其引人入胜的魔力也就不少。"盘根错节利器乃见"，克服困难的工作，正是值得干的工作，这一层不必说。即工作的对象，便够使你留恋了。所以除于以后各章分别提供解决困难的意见以外，本章且以边民之所以使人留恋处作结。盖凡是认识边疆的人，不管经过多少困难，总不能不说边疆具有一种吸引力。这种吸引力，乃是来自边民的可爱。

第一，他们具有天真的健美。边疆的气候无常，风土与人生关系至切，使人不得不具有抵抗自然的体魄，不得不养成通力合作的习惯。所以有山有水阴阳和畅的时候，奇花异草，美不胜收，足以使人陶醉，如坐春风。及至风沙枯燥或者水雪交加的时候，亦自有声有色，激动身心，足以锻炼成坚贞不拔、物来顺应的性格。试看他们时而引吭高歌，不知天地间还有什么不如意；时而埋在雪里，淋在雨里，也不妨皮衣一袭，蒙头酣睡；骑马荷枪，便是赳赳武夫；围幕火，听故事，又可宛如赤子；拈毛线，挤乳酪，尤有葛天氏的风度。又如赶着不很驯顺的毛牛驮子，呼哨奔驰，扶歪载正，虽属五官百骸不暇给，亦无怨天尤人的愤厉脾气。真是赤贫而不寒酸，武勇而不轻杀。他们通力合作，没内地人狭路相逢、不肯彼此援手的缺点；豪爽朴直，亦少一般钩心斗角、鬼鬼祟祟的毛病，或者沉溺于毒品等等堕落的习惯。这种身心两相健康的美，惟在边疆乐天的强者中间始能充分表现出来，则边疆具有吸引力岂是偶然的呢？

第二，他们富于超世的热情。这种热情，乃因宗教信仰而来。信仰是内心的力量，不是一般所谓的迷信。迷信系因误认神话与仪式等手段为目的，而信仰正是扩大自身范围、提高人生水准、加强情操基调的动力——正是神话仪式所要助长的目的。所以不管宗教的神话与仪式是甚么，超然世表的宗教热情不得不是认真人生的必要条件。一般人对于任何事物都觉不冷不热，以致好善不诚，嫉恶不甚，"马马虎虎"成了我们的膏肓之症。总理说，信仰就是力量。见于边民之公而忘私，不惜牺牲一切以求信仰之所安的精神，盖得充分的证明了。一般人科学的精神不彻底，苟且的毛病未尽除，遇到大无畏的边民，正是一帖强心剂。我们说边疆是："活的世界，力的世界，伟大而亲切，平淡而神秘的世界"其主要因素，即在那里有超然世表的热情。

的确，边民是可爱的。除了以上两种特点以外，再因为他们控制自然的技术不高的缘故，以致生产落后，人口稀少，知识不普及，所以我们稍一援手，便有"饥者易为食，渴者易为饮"的情形。你看他们那种一旦信任而后所有心悦诚服的态度，舌吐躬鞠的热情，真是工作本身即为报偿，一扫举天下所有的困难为不足道了。有人以为热心边疆工作的人不免因为素隐作怪，或有好大喜功的毛病，哪里知道这其间的奥妙呢？

第五章　边疆工作所需要之条件

我们既然明白了边疆工作所有之困难，则事先筹谋，不能不作克服这些困难的准备。若欲克服这些困难，便需要两种准备条件，

第一种条件是属于工作人员的，第二种条件是属于工作机构的。

就工作人员而论，第一要有适应于自然的体魄，第二要有适应于人群的态度，第三要有适应于工作本身的技能。

根据我们已有的讨论，边疆的自然条件是凭借高原、沙碛、茂草、森林等地形而有粗放游牧的经济。在这种充分接近自然的经济生活之中，一切衣食住行都是"盘根错节而利器乃见"的奋斗。能斗者愈斗愈勇，不能斗者便动辄失败。所以丢盔解甲的"器"也好，坚甲利兵的"器"也好，这个"器"都是工作人员自己的本钱，自己的身体。身体强健者魄力始大，初次不惯者可以努力克服。积久，习惯成了自然，养成铁一般的好汉，便可随遇而安。倘若必须，也能同边民一样"埋在雪里，淋在雨里，不妨皮衣一袭，蒙头酣睡，骑马荷枪，便是赳赳武夫，围幕火，听故事，又可宛若处子"。否则，非猪肉大米不能下咽，非明窗净几不能入坐，偶一勉强为之，便要百病丛生，哪能对于边疆工作胜任而愉快呢？

我们说，如欲建设边疆，必得深入边疆；若要深入边疆，必在物质生活先能迁就边疆，化于边疆。化于边疆，方能适应于边疆。盖必先有消极的适应，然后才有积极的适应。积极的适应是改造环境，消极的适应是顺乎环境。改造环境在使环境适于我们，化于我们；顺乎环境在使我们适于环境，化于环境。然欲达到积极的目的，必先利用消极的手段；即欲促使环境适于我们，化于我们，必先能使我们适于环境，化于环境。倘无强健的体魄，则使我们化于环境的手段不能采取，必致促使环境化于我们的目的不能达到。初步的接触不能成功，哪里谈得到旋乾转坤的工夫呢？常见西洋传教士深入边地，应付自如，随处可坐，随处可睡，人家用牛粪灰擦磨了的油碗，他也可以恭而敬之地接受过来用以喝茶；而我们的志士，则反到处荆棘，不免于"辛酸动容""慑骇夺气"，以至于真个病卧呻吟了。岂是他们具有牺牲的精神而已吗？盖"健康之精神寓于健康之身体"，实亦因为他们的身体锻炼有素的缘故。

一般到边疆者恒自视为去吃苦，自比于发配充军。到了现在的时候，自告奋勇的不在少数了。然这初步的条件——强健的体魄，若没有预先准备好，还是需要重新考虑的。因为吃苦本身虽然不是甚么价值，然不经过吃苦的手段，便无法完成建设边疆的目的那样积极的价值，则能吃苦的身体的确是起码的价值了。倘用冯友兰教授的术语，我们可管这种吃苦叫做"功利境界"[1]，因为建设边疆，乃是功利的事业。我们常说，倘若到了边疆便算吃苦，则边民之生在边疆者将又若何？事实上，他们是乐天的健儿，他们并感觉不到是在吃苦。自然，我们可以说，因为他们感觉不是在吃苦，所以他们的乐天乃在"自然境界"。然而我们何尝不可以因为要建设边疆而在"功利境界"享受吃苦的乐趣呢？更何况建设边疆不是为了私利，乃是为了公利，为了全盘建国过程当中区域分工的公利，则这种"功利"正是分所应为，正是可将"功利境界"变作"道德境界"的。然而最高一层的办法，最合身心健康的办法，乃是到了伟大的边疆，能够积极地与自然界打成一片，你就是自然，自然就是你，"心凝形释，与万化冥合"，以至证得"天地境界"。到了"天地境界"，才真是无所往而不自得了。

在边疆，最低境界如彼，最高境界如此，都可充分地乐其所乐。然到边疆去的人，虽多怀蕴于"功利境界"，反而于边民的

---

① 冯友兰著：《新原人》，商务印书馆出版。

"自然境界"之不如。就层次论，只能高者提拔低者。最低的适应已失败，还谈得到高一层的建设吗？故就工作人员而论，克服边疆工作所有之困难，第一要有适应于自然的体魄。有了这种起码的本钱，才会在各种境界当中乐其所乐，才会在本身境界以外进行客观的建设工夫。

所谓适应于人群的态度者，因为到了边疆，不只是对于自然界的接触，主要还是对于人群的接触；可是边民因为是在边疆的缘故，他们本身孤陋寡闻，不与我们文化相同，而且与我们社会距离过远，再加上最初接触的不幸，宾主形势的不伦，非得我们对于他们的态度格外适当不可。

怎样才算适当的态度呢？这不外乎自重自爱因而爱人利人。

工作人员自重自爱，便有足使边民相敬相亲的威仪。一般人以为到了"蛮貊之邦"可以随随便便，殊不知越是生活简单的地方，越是礼教谨严的；不能自重，不但不能引起人家的敬意，反更引起人家的鄙视。蒙民管内地去者叫做"黑民"，藏民管内地去者叫做"汉丐"，或者"烂汉人"，都是这种道理。所谓"人必自侮而后人侮之"，边地尤其如此。盖在同一文化型的人，彼此还有原谅，将某人失仪看作个人的私事。两种文化接触的当儿，便将个例视作团体代表；稍有不慎，即至贻害无穷。常见有人被人指摘以后便愤愤地说道："反正下次也不来了，管他呢！"这种自暴自弃的态度，万分要不得。因为你不去了，不是旁人还去吗？你自己的成败不足论，然你哪里有权利破坏将来整个的局面呢？西洋传教士遇着有辱团体的分子，常是不声不响地将他递送回国，不是没有道理的。

以此类推，甚至借着边民中的黑暗势力以自肥哩，惧怕有人告发而出卖立场哩，狎妓酗酒而视为"山高国法远"哩，擅作威福而借"环境特殊"为护符哩，衣冠不整行动乖僻而谓人家没有是非标准哩，都不知只是欺人，而且是自欺；不只是不足表率，而且是自侮之道。

自重自爱因而爱人利人的人，必也热心而无偏见。所谓热心，即是根据民胞物与的襟怀，视人之饥如己饥，视人之溺如己溺，抱着"我不入地狱谁入地狱"的决心，脚踏实地、任劳任怨地助人自助，而且善与人同。工作人员而能善与人同，必是光风霁月，廓然而大公，物来而顺应的。能如此，与人相处还有问题吗？其适应于人群者，还不圆满无缺吗？

我国理学家本以此等工夫为"修身"之极则，无奈极则自是极则，因为抽象提倡的多，指示具体步骤的少，所以真能常住这种境界者大不容易。证得之道，除了理学家所谓"修身"之外，要在社会学内实地考察个人必在社会始得完全发展的事实，但在人类学内普遍认识各种文化型类熔铸各种性格的模样，并在实用社会学与实用人类学（社会工作）内亲身体验人为技术改进演化趋势的可能，才易水到渠成，源远流长，而不致枯禅寂索，或者浮光掠影。

惟学惟有识，惟识惟有度。学问可以变化气质，意在于此。适应于任何人群，本都需要这种学识素养，只因上述三门学问尚少被人识其价值，或者上述三种学问还少货真价实的表证作用，所以"人事道苦"，成了普遍的现象。适应于一般人群者已成问题，更何况本身孤陋寡闻，不与我们文化相同，而且与我们社会距离过远，更兼最初接触不幸、宾主形势不伦的边疆？国人徒知声光化电诸学之为科学，而不知上述三种学问之为科学。舍本逐末，其又何说？人群适应不讲，人事纠纷日剧，徒有工具之学，但犹操刀自割，举火自焚而已。抗战以来，边疆呼声日高，倘使内地彼此不能适应的人员，冒冒然派入边疆，纵有良法美意，无奈不能与边民相处，恐亦枉然。岂徒枉然，适亦偾事。故为边疆工作，需要于人群适应之先决条件，不能不大书特书。

然在适应于一般人群之外，适应于边民者更需要两点特别认识。第一即所谓部族问题，第二即所谓宗教问题。

关于部族问题我们已在第一章加以讨论。在国土以内都是中华民国的大国民统一旗帜之下，一切血统的不同，早就没有关系了。我们说："今日在公民原则之下，不管皮色深浅，体格高矮，发形直屈，凡在一定国土以内，尽了共同义务，享了共同权利者，都是一国的主人"，"帝制时代权利义务不尽同，所以不能不压迫、羁縻，而且愚民为政。三民时代的公民，权利义务是相同的，反倒可以既有全国一致的国语，又有各地不同的方言"。根据这种看法，不再存有隔阂歧视的心理，乃是比较容易的。西洋说："美人之美，不过深及皮肤。"我们说："红粉佳人，只是带肉骷髅。"都是说：外面虽异，本体则同。人类学更告诉我们：人总是人，不因种色而有分别；人之不齐，不在种色，而在同一种色以内各有天赋不同的比例；这一种色与那一种色相比，其智愚高下，乃是大致相仿的。倘若皮肤血统尚不足区别人群的智愚高下，则服饰饮食的不同，更是没有关系的了。这些都没有关系，只是人为的教养始有关系。好了，一切人为都可用人工加以改进，所以社会工作乃是我们惟一可以下手的工夫。

关于宗教问题，虽亦在第一章有所讨论，然因对于这个问题最易先入为主的缘故，仍须在此多加补充。

信教自由，乃是一切文明国家所同有的权利，我国亦复如是。然在国家立场虽属对于一切宗教一视同仁，并不对于个别宗教有所偏袒，可是个别宗教的信徒，每每对于其他宗教不免入主出奴的偏见，所以宗教纠纷常是造成边疆问题的重大原因。不过就人格方面说，个别宗教的信徒倘若对于任何宗教都是无所轩轾的，必致无所谓"宗"，无所谓"信"。故其重视其宗，坚持所信，乃是认真的人生不可避免的趋势。我们的问题，乃在如何调适这种坚信不移的完整人格，与夫国家大一统非得对于一切宗教一视同仁不可的要求。这个问题的解决，不在采取敷衍的态度，说是"此一是非，彼一是非"，而在更进一步的了解，坚决肯定出公是公非。更进一步的了解，可以抓住宗教之所以为的核心，出离一般视为宗教的糟粕。

一般混同视为宗教的，实在包括三个成分：一个是信仰本身，一个是关于信仰对象的神话，一个是表现信仰的方式。就中三者，信仰本身是宗教之所以为宗教者，是宗教的核心，神话与方式都是信仰本身的手段，都是宗教之所借以依附的东西，都是宗教的糟粕。

为甚么信仰本身是宗教的核心呢？因为认真充实的人生，除了自利的顾虑以外，还有追求一种钻之弥坚仰之弥高的情绪。这种情绪，正是"以天地万物为一体"的"大人"所有者，所以真有信仰的人，都是十分受人崇敬的人物。王阳明说得好："大人之能以天地万物为一体也，非意之也，其心之仁本若是。其与天地万物而为一也，岂惟大人？虽小人亦莫不然，彼顾自小之耳。是故见孺子之入井，而必有怵惕恻隐之心焉，是其心之仁与孺子而为一体也。孺子犹同类者也；见鸟兽之哀鸣觳觫，而必有不忍之心焉，是其仁之与鸟兽而为一体也，鸟兽犹有知觉也；见草木之摧折，而必有悯恤之心焉，是其仁之与草木而为一体也。草木犹有生意者也；见瓦石之毁坏，而必有顾惜之心焉，是其仁之与瓦石而为一体也。是其一体之仁也，虽小人之心亦必有之；是乃根于天命之性，而自然灵昭不昧者也。……是故亲吾之父以及人之父，以及天下人之父，而后吾之仁实与吾之父，人之父，与天下人之父而为一体矣。……君臣也，夫妇也，朋友也，以至于山川鬼神鸟兽草木也，莫不实有以亲之，以达吾一体之仁，然后吾之明德始无不明，而真能以天地万物为一体矣。夫是之谓明明德于天下……是之谓尽性。"[1]

这种具有扩大、提高、加强等作用的态度既是宗教本身，正是孟子所谓"浩然之气"，正是到处都受欢迎的，到处都是医治"麻木不仁"的清血剂，哪里会有甚么问题呢？宗教不在信仰本身成问题，则成问题的当在关于信仰对象的神话，或者表现信仰的方式。

神话，信徒都叫做神学，而管另一教的神学叫作神话。这一方面，或是关于崇拜对象的性质，如其可怕、可爱、独一、众多之类；或是关于对象与人世的关系，如如何创世，如何维持人伦化的关系（如天父与子民、新郎与新妇），如何犯罪，如何解救之类；或是关于对象与教义的关系，如启示的经典、创设的僧伽或教化之类。都是各种宗教不同，或者同一宗教而各种派别不同的。派与派争（如西北回教历次祸变），教与教争（如佛、道、回、耶之间各种教案），再加以各教神学的宇宙观不与近代科学的宇宙观相容（如天主教对科学的历史），才使宗教似乎成了乱源。

------

[1]　王阳明：《王文成公集·大学问篇》。

　　我们说"似乎"，因为成了乱源的不是宗教核心（信仰态度），乃是丽附于宗教的神话、宗教的糟粕。倘若我们能够抓住其核心，出离其糟粕，便甚么问题也没有了，盖不管神话怎样不同，求其根本，都是用了当时已有的可能知识，解释其不得了解的现象而已。不得了解者可分两大部门，一是知识不够，一是宇宙大全不可言说。然而不管某一部门，凡是不得了解者又非要求了解不可；因为对于不得了解者，也非具有适应的态度不可。这种不得已的了解，便是姑且"以为怎样"，以便对它有所安排的了解。知识越进步，越会产生新的"以为"，然对不可言说的境地，也只有永远"以为"下去而已。如此纠缠不清的乱账，新"以为"对于旧"以为"的看法，最好将它看作人类的童话，人类逐渐追求真美善，而且将内心"以为"的真美善的投射到外界的象征，用象征的看法，一切非科学的"以为"都是异常审美的，富有诗意的。将神话看成诗，自无走上歧途的危险；既无走上歧途的危险，便不妨用同情的态度来加以欣赏了。

　　至于表现信仰的方式，或参禅，或念佛，或供偶像，或禁雕塑；或祈祷，或说教；或避世，或救人；或提倡翻译经典，或以经典为天书金字，而不得翻译；也都是各种宗教不同，或者同一宗教而各种派别不同的。派与派争，教与教争，彼此都自认为正教，而视其他为异端。于是教案迭出，宏扬与毁灭互为消长，遂使宗教为乱源。

　　殊不知方式虽异，目的则一。目的只在求信仰之所安，至于凭借何种方式以得表现，则可自由选择了。这在比较宗教学者看来，均属末节，不足轻重；然在先人为主者看来则似差异甚大，因而偏见甚深，彼此都互认为迷信。正如吃饭是用刀叉，还是匙箸，甚至于直接用手，穿衣是取长袍，还是短褂，甚至于裤袜之有无；居住是在土房，还是帐幕，甚至于穴处，或是露宿：只求其适应环境，活得便利而已，初与人类价值没有关系。然在没有文化学的训练者看来，则似差异甚大，也就因而偏见甚深，彼此都互认奇怪。

沟通物质文化的人，对于衣食住行等不同的方式，要有设身处地的同情，才能推求其所以然的道理，而不被外表的歧异所隔阂。沟通精神文化的人，对于宗教制度等不同的方式，也要设身处地的同情，才能舍末求本，共证自我领域的扩大、欣赏水平的提高、生命基调的加强，而不被神话所混淆，仪式所限制。不过精神因抽象而似隐，物质以具体而较彰。彰者易知，隐者难明。隐而附丽于神话与仪式的糟粕，尤足本末倒置，故负沟通文化之责者，对于隐而难明且易本末倒置的现象，需要殊胜的了解，更进一步的儆醒。

平心而论，佛教哲理的圆融、回教精神的团结、耶教态度的服务，均有特殊的贡献。站在各教的立场，正宜发扬其本身的优点以矫正其缺陷。站在同情者的立场，更宜帮助佛教，宏扬其优点，并告以耶回两教的长处，以补救其短处；帮助回教开展其长处，并告以佛耶两教的优点，以补救其缺点；对于耶教及其与佛回两教的关系，亦复如是。我国文化，复异中有统一，所以成其伟大；统一中有复异，所以成其富丽。故所述三教虽都来自外国，均不妨加以吸收、消化，而且根据时地不同的需要，发生创新的作用。先总理暨现在领导我们抗战建国的是耶教徒，然正不妨对其他教胞一视同仁，每每扶掖而提携之。诚以信仰的核心是"大人"之所以与天地万物之一体者，而其神话与方式又不过是象征的比拟，与要求表现的手段；既不应有碍于国家的福利，更可促成心理共鸣的团契，为甚么不该相安无事，相成共进呢？他国有国教而我国独无，不是我国的短处，正是我国的长处。明白这层道理，才会对于边疆群众保有圆满的适应关系，才使边疆强有力的宗教发挥济世度人的功能。

以上讨论了属于边疆工作人员的两种准备条件，一是适应于自然的体魄，一是适应于人群的态度。以下再谈第三种准备条件，即适应于工作本身的技能。

所谓适应于工作本身的技能者，一是综合的技术，一是专业的技术。第二章所述的全盘社会工作都是综合的技术。综合的技术，不在你会畜牧或会农耕，还是会纺织，或者化学工业，而在你会指导各种业务配置得当，缓急轻重有序。倘就全盘工作而论，便如第二章所述，要它由着私营走入公营，由着救济走入预防，由着散漫走入组织，由着慈善走入专业化，由着包罗走入个别化，由着热心走入科学化，由着扶植走入共同发展。譬如问题的研究、客观诊断、方案的设计、实施的体验、整个过程的纪录、后起同工的培养与考核，均在综合技术范围以内。总而言之，综合技术就是整个的社会行政。我们已在第三章说过，普通法律、普通政治未能加以保障的部分，未具正式机构的功能，必由社会立法社会行政起而予以适当的保障，予以正式的机构。然正因为整个的边疆都是需要保障的，所以对于整个的边疆工作都适用社会工作的技术。

但在边疆工作，除了配置各种业务，使其缓急轻重有序以外，到底所要经常执行的还有各种业务。假定调协工作是经理的事，则执行各种业务便是各行技师的事。所以除了综合技术以外，还需要专业技术。譬如教育，指导怎样教法，是教育专家的事；具体教一些甚么科目，乃是各科专家的事。教育专家好比社会工作者，他要有综合的技术；各科专业好比各行技师，他要有专业的技术。专业而无调协的统一，是盲动的；调协而无专业的内容，是空洞的。所以边疆工作（其实是任何工作）需要两种人才，相辅而行。不过边疆社会单一性较强，处处都是击尾首动、击首尾动的，而且是"家雀虽小，五脏俱全"的，所以分工无法像内地那样专门，必得每一工作员多少都要除了他自己本行以外还能了解其他业务的关系。越是单一性的社会，越需要全副本领的人才，便是这种道理。我们当然希望边疆社会逐渐发展的结果，走近现代社会那样分工合作的系统，有如众辐辏于一毂。但在建设工作的初段，不能要求太高，不能完全具备那样的社会条件。只好责成所有专业技师，都多少明了社会行政的综合技术；而在大多数的专业技师当中，参加上少数的专门社会工作者，以便大家根据时地所宜，发挥因势利导的创新作用。

我们开端说到，若欲克服边疆工作所有之困难，第一要有属于工作人员的准备条件，第二要有属于工作机构的准备条件。以上说明了第一种条件，以下再将第二种条件加以说明。

关于第一种条件有人也许以为所求太苛了。甚么适应于自然的体魄哩，适应于人群的态度哩，适应于工作本身的技能哩，求全责备，岂非标准太高吗？是的，这里所举标准是高的，所求条件是苛的。然非太高，或者太苛。盖所谓太者，乃是不必要的意思。试问这里所举标准，所求条件，哪一种是边疆工作所不必要的呢？倘不如此，怎样能够克服边疆工作所有之困难呢？过去的错误，乃在内地感觉麻烦的人发配到了边疆，所以边疆便有问题了。事实上，过去在边疆稍有建树的，哪一个不是内地之杰出者呢？全世界殖民史都证明给我们，非常之原，无有不是需要非常之人的。一般的帝国尚且如此，我们建设边疆意在提携辅佑，实较徒事开疆拓土者为难，倘非"极高明而道中庸"之士，哪得胜任？在边疆，胜任便算胜任，不胜任便不只是不胜任，势必致偾事害世。故要求于边疆工作者，条件非苛不可，标准非高不可。

关于第二种条件，即属于工作机构者。工作机构范围甚广，然不外发挥两种功能：一是推行工作的设备与行政；一是诱导人才的设备与行政。关于前者，留待下章讨论"边疆工作如何作法？"时再为申述，此刻专将后者加以讨论。然即关于后者，亦只讨论工作才开始时所需之初步适应，至于再接再厉的办法，亦俟下一章再加补充。

所谓诱导人才的设备与行政，第一应使正式工作员在参加边疆工作之时得到充分发展的机会，第二应使预准工作员在未参加边疆工作之前得到有效训练的机会。

怎样才使正式工作员得到充分发展的机会呢？第一采取学徒制。正式工作员，不是受了委任，拿了薪俸，便有工作的保障的。必由试用逐年升至各种阶段的专责，并由学徒逐渐升至各种阶段的领导，才得胜任而愉快。否则一出马便给他一种独当一面的责任，便非失败不可。倘在这种情形之下，责难他的失败，不如责难工作机构的不健全；盖在边疆，不管职分如何之小，倘若独当一面，便需单独负起责任，而"家雀虽小，五脏俱全"的边疆社会，是不允许他单选某一部分来应付的。一处不通，便处处不通了。故虽小的职分，也非经过历练不可。大的职分，更不必说了。试看西洋的商务代办，甚至于传教牧师，哪一个不是起先当学徒，然后才逐步单独负责，才渐渐地领导同工呢？这是任何实际业务的惯例，不知为甚么，我们到了派遣边疆工作员的时候，便将这种原则忘记了。如此，则除开旁的条件不说，我们之所以无成绩，人家之所以有办法，岂不是因为工作机构不健全吗？

第二采取督导制。边疆工作员经过学徒阶段有了经验，自应使其分头负责，自由扎根；自应任之以专，使其责有攸归。然必经常督导，方收纲举目张之效，方可因了新的刺激而有新的创作的功用。经常督导，当然要各地巡回，以使甲地经验，作为乙地参考。这不但会使工作员与派遣机关息息相通，而且会使各地比较参证，相观而善，相竞而进。盖督导与巡查不同，巡查意在制裁，督导意在启发。一般行政机关消极制裁者多，积极启发者少。而人之恒情，待以消极，他便消极；待以积极，他便积极：自动与否，每以此等枢纽为转移。中央之派遣边疆工作员，消极的巡查已不多见，则无怪缺乏经常创新的边疆工作了。故欲充分发展边疆工作员的潜能，理应采取督导制度。

怎样才使预准工作员在未参加边疆工作之前得到有效训练的机会呢？一切人才，非由天降，非由地出，乃是有效训练的结果。关于边疆工作人才，因为所需条件甚苛，所要标准甚高，尤非未雨绸缪不可。所谓专业技术不必论，一切边疆工作候补人，都需要关于社会工作的训练。社会工作乃是实用的社会学或人类学，故于纯粹社会学、纯粹人类学，应有起码的造诣。先由社会学养成社会化的态度，且由人类学取得文化型类的比较观点，然后由社会工作，练习社会行政的技术。英国殖民官吏，不拘执行任何部门的专业职务，都要经过人类学起码的考试，便是这种道理。任何门类的边疆工作员尚必如此训练，少数的边疆社会行政专业者，其所需要的基本训练，更可不言而喻了。

我国不是没有边疆学校，然若用以单独担负这种任务，仍嫌十分不够。盖边疆学校的设备不必说，即以我国边疆区域之广，所需人才之众，以及国家财政如此之窘而论，作育此等人才的责任，便不该专靠直接举办的边疆学校。

那么，怎样办呢？最属合理，最为经济的办法，应为委托靠近边地或于边疆研究较有历史的大学训练边疆工作员的办法。这样，可以范围推广，且使学术行政合而为一，减轻大量糜费。政治训练权在国家，技术训练委诸大学；大学既有事作，国家亦得各种专家的直接利用。为计之善，莫过于此。

然而技术训练，并非上课而已。理化医药诸学要有实验室的工作；社会人类诸学，不管纯粹科学，还是实用科学，也需要实验室的工作。国人徒知理化医药诸学需要实验室，而不知为社会人类诸学供给实验费，这就是人类适应不得其法、而人事纠纷终无了期的缘故。我们坐病已经很深了，势非急谋补救不可。

补救之道，最低限度，为肯定社会人类诸学供给实验费。有了实验费，足使社会人类诸学在社会人类的天然实验室里去教学，才算对于社会工作者的有效训练。这是原则，若为候补边疆工作员的实习教练，还需加以地域的考虑。

训练边疆人才，自以边疆为宜。然而倘非边民，则乍到边地，实非易事。而且旅费浩大，训练者亦不容易集中。故为候补边疆工作员的实验教学，顶好是在乡间。一般知识分子大率都在城市读书，故知识分子到民间去，势须先由城市到乡村，再由乡村到边疆。就适应过程而论，这是一定的步骤，轻易躐等不得。倘不经过乡村工作站的中间历练，骤由城市深入边疆，必致习惯与观点两感应接不暇，甚至失败，乃在意中。至于时间金钱的浪费，乃属余事。试看一般社会工作者因为躐等而引起的误会与纠纷，当知先在乡间实习的必要。

故为候补边疆工作员有效训练的机会起见，应该分别委托靠近边地或于边疆研究较有历史的大学，开辟乡村研习站①，就近训练。倘在乡间逐渐习得适应于自然、人群，以及工作本身的体魄、态度、技术，即研究，即实习（此其所谓研习站），选拔出来到了近边、远边，则于克服边疆工作所有之困难，可操左券无疑。教授即在研习站中教，学生即在研习站中学，是之谓实验教学。所研究即研究如何取得此类适应本领，所服务即使这种本领普遍化，所训练即训练学生如此研究，如此服务：此之谓"研究、服务、

---

① 华西大学与中国乡村建设学会合作，在成都老南门外十二里乡间首创"石羊场社会研习站"，即根据此意。研习站与服务站或实验区不同的地方，乃在后者有充分的设备或用物资增加人民的福利，或用具体的方案实验它的效果，主要以事业为目的；前者则以发现问题为主，以轻而易举的服务工作为副，而使学生同着教授借着服务媒介，认识人群，找出问题的症结所在。诊断了问题，或者考察了具体实施的结果，写成报告以便有关当局有所参考乃是研习站对于政府的贡献。至于大规模的设施，自有主管机关来主持，用不着研习站来分劳。可是在训练方面，一面训练学生在轻而易举的事项当中进行服务，一面使他接近问题，研究问题，反较大规模的事业机关更有功效。因为大规模的事业，头绪复杂，不易看出直接的机能，以及所有的影响；而轻而易举的事项则条理显明，得以侦查出前因后果。同时对于正式机关已有的设施，处在旁观地位，同情而无利害关系，也易洞若观火。另一方面，一般人常易委卸责任的口实，多谓条件不够，设备不完。倘在研习站内，看出根本无所谓设备的局面之中还有庖丁解牛的余地，则一到了正式的工作机关，一切都较充分，自更游刃有余了。尤有进者，一般青年好高骛远，必是奇特伟大的事，才算值得一干。边疆可以吸引一部分好奇的青年，可是到了不合适的时候已经晚了。研习站根本设在乡间，问题可以接近边疆，但就引诱而论，则没有边疆的奇特。倘在乡间研习站习得脚踏实地的本领，则到边地以后，耳目一新，处处都有意义，自更容易深入了。这种"极高明而道中庸"的训练，只能于乡间分习站中得之，故曰这是有效的训练。

训练"三位一体。"研究、服务、训练"三位一体的社会学、人类学，才是兑现的人事科学。兑现的人事科学才能解除人间痛苦，才能培养出综合技术的人才。

第六章　边疆工作如何作法？

我们已经了解了边疆工作所有之困难，而且提供了克服这些困难的各种条件，我们便可以正面讨论怎样从事边疆工作了。进行任何事功都不外两种活动，一种是行政，一种是实施。行政是发号施令的本体，实施是本体活动的表现。欲求表现成功，必要健全行政。边疆工作的做法，亦复如此。

关于边疆工作的行政，第一要有长久的计划。边疆工作过去的毛病，病在朝令夕改，以致无所适从；机关换得太快，以致无法提摸①。这于边民本身如此，对所工作者亦无二致。试问初与边民接触，环境不熟，语言不通，信望不孚，纵有天大本领，不也等于良医不及施诊，明师不及收徒吗？下手机会还谈不到，更哪里说得上先事预防，先机倡导呢？然在中国的边疆，看看西洋传教士如何作法呢？他们长期住在那里，不求近功，只求远效。初步只图适应于当地，不收一个教友也无妨。及至边疆语言精通了，各种情形熟习了，而且经常招待草地远客，各处也有熟人了，他们骑着马，荷着枪，穿的是当地衣服，说的是当地语言，陪着的是当地朋友，便可无孔不入，无远弗届了。他们有办法而我们独无，势难单怪实地工作者，而行政不健全，实有以限制其成就。

---

① 嶺光电:《保情述论》第二篇，卅二年九月成都版。

他们是客人，我们是主人；客人所能者而主人不能，此之谓宾主形势不伦。

我们的工作员与西洋传教士相较已如此，至与当地固有权力来比，则更不可同日而语了。有土官头人的地方，即连土官头人的了解也就办不到。盖他们是经常是那里的，而边疆工作员，边疆行政机构，则尚没有持久性，不能与他们相提并论。至于有寺院的地方，活佛之被发现，永远落在聪颖的孩子身上。活佛之训练永远如出一炉，既严格，又使承先启后的工作，经过转世的制度，好像永远都自一人。而且前世已示寂，后世未转生的当儿，以及活佛正式总揽大权的当儿，都有议事元老①经常处理，维持一贯的传统。故喇嘛政治制度，并有导师制与课堂制的长处而无其短处②。以这种一贯的传统、经久的机构、有纪律的领导（活佛不似王公那样易于人亡政息），与固有的贵族（如王公、土官、头人）相遇，尚常使之迟早妥协就范，否则没落式微，更不用说临时派遣的边疆工作员及其设施了。

边疆"情形特殊"，每每变成边疆工作员诿过卸责的口实。这就他们各尽职守而论，固然是不应该的，但就行政观点而论，计划不能长久，也就无法专其责成。故欲边疆工作有效，起码行政要求，非有长久的计划不可。

为要长久的计划，必得先有深入的研究。必是认识清楚，才能产生可用的方案。方案可用，才不是朝令夕改的。然而认识清

---

① 李安宅：《拉卜楞寺的僧官》，见《责善》半月刊第一卷卷第二期，廿九年四月成都出版。

② 李安宅：《喇嘛教育制度》，见《大学月刊》第二卷第八期，卅二年八月成都出版。

楚，谈何容易？各种各样的考察团，不在少数了。只是走马观花，而且彼此经验很少发表出来，以致彼此不能交换，哪里能够认识清楚呢？故在行政考察以外，非得经常资助学术专才的深入研究不可。开药方的多，诊病理的少，一个不投症，便不能不再来一个。再来一个，还是没有根据的，则无怪骨子里换汤不换药，而在表面上却朝令夕改了。

第二，要有统一的指挥。边地人口集中的地方，常是范围很小的。一切通都大邑不算一回事的毛病，到了那里都似放在显微镜下放大起来。不合作、讲闲话、拿人送礼之类，本来都是没有走上"公民原则"而在"宗亲原则"①之下的人所常有的普通缺点。这在内地，机关与机关之间，可以打官话、讲形式，或者干脆断绝来往，或者闹到不可开交的时候，直接来一套上司的处理，都可不动声色，最少也是无关大体。可是到了边疆，便因挤在一起的缘故，倘不和衷共济，就要谁都绊住谁的脚步，谁也无法有所建树。关于边疆行政的机构，即在中央已经不太衔接。则各院、部、会分别派员到了边疆，再加上省、县、局，以及各种等级的党、政、军、学等团体，政出多门，叠床架屋，一齐派员到了边疆，谁都不相系属，谁也彼此推诿；再就一般情形而论，谁都对于边疆预先没有充分的准备，谁都不肯放弃先入为主的偏见，谁都恐怕人家有了成绩以显得自己没有成绩：这样混在一起，专给边民看笑话还不够，更哪里谈得上建设？其实，不能建设还是小事，惟恐阻塞了中枢的门户，失掉了当地的信任，以致妨害将来的事功，则为害或且无穷。

常见一般边疆势力，深闭固拒绝的不必说；本来可左可右的，

---

① L. T. Hobhouse, *Social Development.*

也因我们政出多门弄得眼花缭乱，莫衷一是了。他们说："教育也好，生产也好，哪一样都好，只要作一样给我们看。然而今天这个来了，明天那个来了，一个人说一样，叫我们跟着哪个走呢？今天你告他，明天他告你，谁都似乎有理，谁都代表中央，又叫我们听哪一个的话呢？"这是一般情形，不是例外现象。所以边疆原来简单的，以后反而复杂了，本来欢迎外人的，以后反而采取敌视态度了。这种情形，乃是边疆工作员造出来的。然而边疆工作员所以造出这种情形来，全系行政工作未能统一的缘故。故欲边疆工作有效，非有统一的指挥不可。

为要统一指挥，必要统一行政机构。为要统一行政机构，可有两条道路，一条即自中央单元化起来，一条乃由工作所在地单元化起来。

所谓自中央单元化起来者，即一切关于边疆工作，不管属于何院、何部、何会，都要通过同一机关统筹计划，齐一步骤，或者以现有某一机关主持其事，或者另设新的机关，或者事无大小都直接归行政院主持，均无不可。要在政令齐一，缓急有序，无论门类如何复杂，正如枝叶扶疏，同一本干，亦如分工愈细，合作愈密，至于归谁总其枢纽，又有甚么关系呢？

所谓由工作所在地单元化起来者，即由省府或专员公署，或者县府，或者专为某处设置的指导长官公署，事无巨细，凡属所在地的边务人员与事功，中央的也好，地方的也好，客居的也好，土著的也好，统都经过这一行政单位配合起来，指挥协助起来。这种地缘的横的统一，统一实地步骤与人事关系，并不妨害各处派来的人员仍与派遣机关发生业缘的纵的系属。盖实地配合，委诸当地；技术指导与阶级隶属，自有原来机关。执其两端，各不相害，而适相成。一则，边疆工作员既与当地单元取得联系，当地自易通晓其事，同情其事；倘对上峰有所报告，无妨即由当地单元，加以副属。如此，则事无虚报，情有感通；既可取信于当地，又可负责于中枢，而使长期服务于边地者，得到双方都加督促的保障。上下交孚，事自易举。再则，工作区域有其自然趋势，即在自然条件方面，或在人文条件方面，不能有其全盘性、单元性。必在同一社区（Community）以内各种工作配备起来，始得相辅相成。盖社区结构，如同一幅织锦，或者一盘机器，一面更动，处处都要更动。倘无综合的步骤与门类，势几促成脱节现象。自然广化的文化接触，每每造成社会问题，即因于此。倘在边疆社区没有计划的行动，则边地缺乏伸缩性，更易促成严重问题。故为顾全边疆社区的全盘性，避免脱节现象，而造成一致革新的局面起见，也非不管来源如何，都将移入势力就近单元化起来不可。

第三，要有充分的设备。"巧妇难为无米炊"，自是常识所承认的。然在边疆工作，本地制作不易，交通运输又极困难，了解程度属更幼稚，倘若缺乏工作资藉，则不但补充不易，效率降低，而且观瞻所系，足以损失中央威信。试看一般边疆工作员，穿的用的都不能与边民之中上者相比，更不用说与其土官头人，或者僧官喇嘛，相提并论了。倘谓此系私事，然在边民心目中，并不认此为私事。假令我们抱着另一种态度，以为生活简单朴素，正是我们应该提倡的新作风，则工作本身的配备，总是应该十分齐全的。然而边疆工作者，常是医药不足以应付瘟疫，马匹枪支不足以单独出差，经费不足以推动工作，哪能取得边民的信赖呢？再看西洋传教士，衣食住行都甚讲究，已有先声夺人之势。再则配有客房马厩，来了草地朋友，可以尽情招待，亦不难种下善意的根苗。且有照相机哩，收音机哩，一切足以代表西洋文明的利器哩，都不惮远涉重洋，运至边地，赠与当地权力以相结纳，其他工作方面的设备，不必说了。他们要甚么有甚么，我们要甚么没有甚么，哪能怪他们能够根深蒂固呢？我们说，宾主形势不伦，岂非又一例吗？传教士不必说，根据新疆旅客的报告，凡属苏俄的东西到了那里，都是最精致好的，甚至于俄国人要到那里购买本国所不易购买的东西，是亦可以深长思求其故了。根据一九三六年英国入拉萨的代表团所有的报告[①]，亦可见此，送出之礼出自政府，收入之礼亦归于政府；在政府没有损失，而在工作员，便生因应自如的快乐。我们之出差者，待遇不足以养廉。遇着自爱的，且因自己困苦而不能影响工作。遇着不自爱的，便要寡廉鲜耻，无所不为了。仍如前面所说，个人的人格不足论，而其有失体面，乃是中央的体面，是不可不加注意者。这种例子，作者所见不在少数；记载所及，倮㑩区[②]与西藏[③]亦复如是。归根结柢，当事人固然不能辞其咎戾，而设备不够亦不能不说是行政的毛病。故欲边疆工作有效，非有充分的设备不可。

第四，要讲工作员的福利。关于边疆工作，计划可靠了，指挥一致了，设备充足了。是不是尽了行政之能事呢？不，还没有。因为到底，工作的动力，还是来自工作人员的。工作人员的本身条件，如需要适应于自然之体魄、适应于人群的态度，以及工作才开始时所需要的行政条件，如学徒制、督导制之类，已在上一章加以讨论。可是工作经常展开以后，欲使工作员再接再厉，久

① F. Spencer Chapman: *Lhasa, the Holy City*, London, 1940.

② 嶺光电前书第三篇。

③ 法尊：《现代西藏》附录二，卅二年东方书舍版。

而愈奋，便需要更进一步的行政设施，那就是关于边疆工作员的福利设施。

所谓关于边疆工作的福利设施，可分两面来讲：一是工作员的一般生活，一是工作员的进修生活。

关于边疆工作员的一般生活，普通有个误解，以为边地生活简单，总可省钱，所以待遇不妨较低。这一种误解，正如另一种假定：以为边疆知识低落，所以派遣人才不妨较差。我们在前一章已经大书特书，证明边疆工作员非要第一流的人才不可。关于待遇较低的误解根据，亦应正面加以批评，证明边疆人员，不但不应待遇较低，实在应该较高。盖以边地生产缺乏，交通不便，物价常是较高的。而且人事的接触，不能使他常被提拔，子女的教养，不易合理安插；耳濡目染，使他堕落的机会多，上进的机会少；一切医药、学识的环境，又无法使其得到安全的保障、丰富的培养；处处都是消耗胜过接受的，理应有所补偿。所以不管是在衣食住行方面，还是社会文化各方面，都应对于边疆工作员，格外予以福利设施的保障。不然，人总是人，在边疆不上算，便只好迁地为良了。试看提倡知识分子"到乡间去，到边疆去"的口号已经喊了若干年，究竟多少去了呢？我们固然可以说，知识界还缺少觉悟。然而少数去了的，不也不能安身立命而仍返到文化中心来了吗？就个人抱负而论，应该作甚么，自是没有条件的。然就行政观点而论，大经大法，必要促成稳定条件，不该幸冀于少数杰出之士。所谓"君子固穷，小人穷斯滥矣"，无条件的君子有多少呢？故立法不管少数无条件的君子，而管大多数可能为君子、可能为小人的人们，使其不得作小人，不得不作君子。试看西洋教会之于传教士，每生子女一名即加一名的待遇，而且边远

167

不便上学者均分别资送至教育中心，遇着战事发生又已直接运出香港或其他地方而回国了。其于本身的待遇，如生活之优厚、疾病之疗养、休假之便利，自更不必细说。如此，他们经常站得住的多，我们经常站得住的少，岂是我们都不成吗？亦不过他们教会的行政设施不得作小人，不得不作君子而已。

我们在抗建国的艰巨过程中，自然不能希望他们那样的优厚待遇，然从行政立场加以充分的考虑，总是十分应该的。国民政府三十二年五月十八日公布的《边疆从政人员奖励条例》①，可以说是此一方面的初步立法，但盼各级行政机关认真执行，而且以后更有进一步的明文规定。

关于边疆工作员的进修生活，更较一般生活为人所忽视。盖在一般教育机关，由小学、中学以至大学尚少教师进修的制度，其他事业机关，除了加薪进级以外，再也管不到职员的智能发展了。全国的教育与事业机关尚且如此，谁还顾及边疆工作员的智能

---

① （1）边疆从政人员之奖励依本条例行之；

（2）本条例所称之边疆从政人员系指本条例施行后由内地派往边疆服务之人员，其原在边疆服务之人员得参酌本条例办理；

（3）本条例所称之边疆区域分为远区与近区，由国民政府以命令定之；

（4）定有官等之边疆从政人员任用资格得适用关于边远省份公务人员任用资格之规定，必须要时得由铨叙部呈请考试院转呈国民政府准予以较高待遇或任用；

（5）边疆从政人员以实际服务满三年为一任，任满经主管机关核定成绩优良者按其服务区域之远近给予三个月至六个月之休假，其因事务之上必要未予休假者得加给三个月至六个月薪俸，任满三次年满五十岁者得以较高职务调回内地任用；

（6）边疆从政人员赴任返任休假回籍或内调之旅费、赴任时之治装、到任后之住宅及医药等费，依区域之远近分别从优给予，其随任所眷属之往返旅费及其赴任所眷属之安家费得酌予津贴，其实施办法由铨叙部会同有关机关定之；

（7）边疆从政人员服务之年资计算标准，近区一年抵内地一年半，边区一年抵内地两年。

发展呢？然而，廉价的教育常是最不合算的教育。试看普遍的师资缺乏，教育没有生力，便可证明此点。边疆工作主要为社会工作，亦即广义的教育工作，已如第三章所述。可是这种教育工作所需要的领导人才，实较一般教育工作为高。倘不经常注意其进修生活，则虽原来造诣相当有根柢，待遇相当使其稳定，也易久而久之，对于问题习而不察，对于自身划而不进。对于工作目标，使工作者稳定，不过是手段；使工作者日新又新，才会达到精益求精、尽美尽善的企图。故欲边疆工作员对于所事能够再接再厉起见，非得为他们的进修生活备有福利设施不可。

这亦可以西洋传教士为例。他们到了一定年限，派遣机关均与一二年的例假。使在例假之中，恢复大学生活。他们之能取得硕士、博士等资格，多是数次例假的结果。盖与文化中心长期断绝关系，不用自己本身退化，专有外界的进化已足使之孤陋寡闻，非得重新刮垢磨光不可了。我们对于边疆工作员，亦须规定年限，予以假期，使能重返内地进修，或能旅行不同区域彼此观摩，方为有效。其所得于外界者不必论，使其有了机会慢慢消化边地工作经验，予以客观的回味，便可大大增进其再接再厉的效率了。

到此，我们讨论了边疆工作如何作法的行政方面，以下再容我们进行实施方面的探讨。

关于边疆工作的实施，我们可提供原则、步骤、方式等三种意见。我们先讲原则，第一要有研究工夫，以便明了边地问题之所在，以及解决问题的手段与方法。第二要有服务活动，这是我们所以去到边疆的目的。第三要有训练热情，即训练同工——使同工充分发挥力量，使边民优秀分子变成同工，以便自助，然而尤要者，乃在三者合而为一，使研究为了服务，使服务得到研究的资助（服务才不是盲目的），即以资助研究（研究才不是抽象的），且使同工即在研究与服务中得到训练（训练才不是形式的）。如此，便收即工作，即启发，即表证，即能善与人同的创化功效。

一般从事边疆工作者，或因其为纯粹研究也，到处多是荆棘，而且研究的结果，也多隔靴搔痒之谈，必是借着服务的媒介，才能参加体验，而有可靠的材料。也必是为了国利民福，才能体大思精，而不致徒为研究机关多出一本报告。一般从事边疆工作者，或因其为纯粹服务也，每每索然乏味，而且服务的成绩，不免头疼治头，脚疼治脚之讥。必是穿过研究的观点，才能明了症结所在，而有切实的工夫。也必是比较参证，才能精益求精，而不致机关化，徒为边民增加一种点缀。一般边疆工作者，更或因其为纯粹训练也，不是招不到生，即是招到以后也就没有办法。既无有效的办法，便在表面上找表现。专在表面上想办法，如衣服、语言、礼节、背诵公式之类，自属离题愈远了。必是训练他参加具体的工作，使之为当地服务，在当地作研究，才能脚踏实地，而有兑现的本领。也必是同着导师服务，同着导师研究，研究者为实际的问题，服务者为具体的对象，才能得心应手，而不致坐与当地文化脱节，徒增一批"高不成低不就"的无用游民。

试看一般训练机关之无效，服务机关之盲动，研究机关之不识大体，当知以上所述之非无的放矢，盖"研究、服务、训练"三者合一之效，可就两方面加以例证。第一就工作人方面而论，倘若专为研究而研究，不是造成纸上谈兵的鄙夫，就是因为没有研究资藉而逐处碰壁，且因不得参加改造社会的洪流而日形苦闷。倘若专为服务而服务呢？也在智穷力竭的时候看不见甚么意义。他们常问，这样一手一脚就算救国吗？国家大了，边疆大了，这种局部的事功又有甚么用处呢？而且所能干的已经干了，还有甚么新的把戏呢？倘若专为训练而训练，则能说者已说了，不听又有甚么办法呢？即使听了，他又如何被人接受而发挥其力量呢？所以必是三者合一，成为一种事功的三方面，乃于服务成绩有了困难的时候，我们可以说，"不是增加了认识吗？受气与失败的经验不都是绝好的研究材料吗？况且说，你在工作当中已经培植出几位同工，几位知己，他们总有一天会发展你的事功的。即使一切都不成，根据你的经验写成报告，这类工作不作则已，一旦作起来，谁不要借重这些报告出来的经验呢？更何况根据文化接触的原则，事业发展的远近布置，既有这么一点尽心尽力的成绩，已就够有价值的了"。至于研究成绩所表现的有无，因已实现于服务与训练之中，也不见得要与咬文嚼字的人去争一篇一册的印刷品，论到训练的工作，倘在研究与服务当中去训练，自属不会失败的——只争那些同工表现成绩的早晚与多寡而已。如此，对于工作人，心安理得，日就月将，乃是"研究、服务、训练"三者合一的效果。

第二就工作成就方面来说，倘若三者合一，则其成效之著，更可不待例证而周知。就一般机构而论，在国内颇少这种观点。其各分割隘陋，正是反面的例证。然就个人而论，一切成就丰功伟烈的，哪一个不是兼有三者之长的呢？远的不必说，曾文正、张文襄，不都是很好的例子吗？试看英国殖民工作所产生的大名鼎鼎的"实用人类学"[1]，还不是在非洲提倡了殖民官吏与人类学者彼此配合的办法吗？这种配合，不是粹于一身，而是两种人才的配合；不是三者配合，而是行政与研究的两种配合；然尚不得了了，更何况三者具备于一身呢？我国边疆工作，在人才还感缺乏

---

[1] Brown, *Anthropology in Action.*

的当儿，尽可暂不粹于一身，而在行政设施中配上专门研究的工作，且由专门学者（尤其是具有实用观点的人类学者、社会学者）来担任，以备行政的顾问，即在两种工作当中训练起人才，也就可以差强人意了。

论到边疆工作的实施步骤，第一应该先以医药入手，第二改良生产技术，第三组训民众，而均以综合的教育原则出之。

所谓先以医药入手者，盖因我国治边政策，原来只采形式主义（见第三章），未能打成一片，现在纵有良法美意，亦难骤尔接受。故必先由有目共睹的媒介，取得一般信任，始能谈及其他。医药工作乃是纯粹利他的工作，确为有目共睹。而内地人自与边民接触以来，因其男女关系不与内地同其标准，容易假定其根本没有标准。再加上一面有商业化的财货引诱，一面有不提眷属的两性要求，以致接触越多，赐与他们的性病乃越不可收拾。这种"文化病"，"须用文明的医法"，边地固有的医药，乃是没有办法的。所以边民的纵然顾虑很多，也就不得不承认六〇六、九一四等药品的功效。喇嘛活佛每每给人占卜，告以应找新医，于是新医的价值独较任何其他外来文化特被欢迎。除了性病而外，眼病、消化病，以及骨酸背痛、水鼓干痨，还有因缺乏碘质而有的颈瘤（甲状腺肿），与因性交或操劳过度而有的难产，均在边民当中相当普遍。至于牛羊马匹的传染病，影响边民生计者，尤属重大。故有设备充足的医疗队、防疫队，巡回于各地边区，乃是箪食壶浆，普遍欢迎的对象。如此，不但医药本身有其需要，其他工作项目所有的困难，亦不难因为治病而取得的信心与便利，附带予以解除。故医药服务之在边疆，就其直接价值而论，与夫媒介作用而论，都应列入第一位。试看西洋传教士，不管是在边疆，还是在内地，其人手的方法，均为医药服务，实可作为我们的参考。我们自己的工作，范围远没有普遍，设备虽还没有充实，然就已得表证者而论，已足证明医药服务之有前途了，我们认为，倘使此项工作做得切实有效，一站一站推广起来，不用其他力量，便可直达拉萨等蒙藏文化中心，而无任何阻力地取得其善意。

所谓改良生产技术者，即因地利所宜，充分地加以利用。荀子说，"财非其类，以养其类"，正是控制自然，适应自然的惟一办法。一般所谓建设事业，常即指此而言。不过一般讨论开发边疆建设边疆者，每每以为边疆除了地广人稀之外，再无甚么不与内地相同之处；遂至狃于移民垦殖的成见，好像偌大地面只是未得其耕种而已，更好像偌大地面都是没有主户的。根据第一章的认识，我们知道，边疆之所以为边疆，乃是因为不适于耕种的缘故。广大的草原虽不见得住满了人，可是每一区域都是有所属的。所谓逐水草而居，并非漫无限制地"游牧"，乃是各有各的范围，彼此不得稍越雷池一步的。每一部族都在他的范围以内，凭着季节的变化，周而复始地下帐游牧而已。部族间的纠纷，最大原因之一，即在越界放牧一事。故毫无认识而前往开垦者不必说，即无牧场准备而前往从事改良畜种事业者，亦无是处。

改良生产技术，除在可能范围内介绍农耕以外，必是主要地就其原有游牧生活上想办法，次要地就其地上地下的生物与矿产想办法。农耕，不是我们看着他们没有甚么便介绍甚么。应该根据气候、土壤所宜，检查各国同一情形所能产生的东西而为当地所需要者，购其种子，加以实验。盖各国此等研究较有成效，取其目录稍一比较，即足轻而易举。倘若处处都要自己试，自己研究，恐怕太费事了。西洋传教士常能凭着一本目录，通信采购种子，即收介绍新种子之效，便因坐收此等便宜。便宜办法固非经久之道，然在各种条件难于具备的时候，已够我们一般农业改进所参考的了。

畜牧方面有两种工作，一为牧羊畜种的改良，一为畜产加工的工业。在边疆，好像牧场没有问题，实际上，因为冬天缺乏饲料而冻饿以毙的牲畜，也就不可胜计了。怎样使草种丰美？怎样使牲畜数目与草原利用配合得宜？怎样使畜种优良，产量增加？都是亟待解决的问题。至于皮毛骨角乳肉怎样加工，使其就地变成熟货，以便边地生产力提高，购买力加大，使其与内地经济平衡，因而文化交流有其充足的基础，更是建设边疆的正面工作。我们原来批评以往的边疆工作不扎根，即因没有对此等正面工作多所表现。边民是要兑现的，必在这一方面有所表证，才能兑现。对于他们的利益客观兑现，其他自无疑虑。

地上的天然富源，如森林与药材的培植、野牲的保护与其及时猎取、水利与交通的修建，地下的天然富源，如矿产的勘探与开采，亦是"财非其类，以养其类"的办法，固为人人所知者。然而一般开发边疆者多易忽略建设，致成破坏局面；或易忽略当地民风，亦成破坏局面。试看汉回所至，到处童山，弄得水土不能保持，冲刷为患，不可收拾，反是稍有寺院力量的地方，留下迎面一片绿树，或者人迹不至的地方，留下原始森林。如此开发，哪能受到欢迎呢？不是不开发，还留一点元气吗？至于利用自然，如何顾及当地的禁忌，以便逐渐地无弃利，更是稍一忽略即会造成纠纷的局面。开矿不只是开矿，渔猎不只是渔猎，必有民风的认识、情感的交孚，始有初步的可能。往迹备在，不必赘述。我们说边疆工作，即在纯自然科学一方面，亦需要社会科学为之协调，此种事实，乃其例证之一。

所谓组训民众，即就边民原有不自觉的生活，加以组织训练，使其自觉地更有效地利用自然，扶植人口，防治疾病，加强福利设施，而且由着血缘的宗亲原则进步到公民原则。倘在物质方面建设边疆是用区域分工的办法，则在精神方面建设边疆便是用公民原则的办法。即就全国而论，所谓建国大业，亦不外在物质方面要求工业化，在精神方面要求公民化而已。然而物质建设易精神建设难，而且物质建设常以精神建设为基础（当然物质建设亦每每促成精神建设，如大工厂之可以养成负责任、守纪律、遵时刻，以及分工合作等习惯是）。只是物质建设有目共睹，精神建设每每流于空洞格言，故精神建设更较难上加难。边疆的血缘观点已较内地为强，试看内地之未能脱离血缘的行为型，便可知道公民原则之有待提倡了。公民到底是应该怎样的，一部公民课本也写不完。然将固有的血缘习惯与公民要求相比，亦可举一反三了。

我们家族主义的血缘习惯，如：

（1）家长与子女的关系，只有人治，故讲情。人情与法理倘有冲突，只有法理吃亏，人情战胜。假定舜为天子，皋陶为士，瞽瞍杀人，孟子所能想到的办法，只得由舜窃负而逃，哪里会有"天子犯法，庶民同罪"的法治精神？

（2）人治故尚齿。父子一伦如此，兄弟一伦因为长兄如父亦如此。朋友一伦兄弟化，因而父子化；夫妇一伦，夫为妻纲，正如父为子纲；君臣一伦，等于父子，更不必说：都是属从关系。

（3）人治有冲突，人情讲不通，只能忍而又忍。忍不下去时，好的敷衍，坏的是落井下石。落井下石固偾事，敷衍亦必不能有所建立。所以得过且过，是我们的毛病。

（4）因为有大家庭的保障，所以是依赖的不进取的。依赖而不进取，所以戚戚然；如不自保，惧怕改弦更张。

（5）家族主义的行为型，"非先王之法言不敢言；非先王之法服不敢服"。所以是保守的抄袭的。

（6）人事范围，以好恶的价值的判断，所以是不科学的。不科学的态度加上因袭的自负，便容易开倒车。

（7）将家族关系延展到政治领域，领袖便是家长。"以孝治天下"，只有先意承志的奴才。

（8）家族主义血缘关系以内，凡在"己群"都是对的，凡属"他群"都是错。所以在外可以当强盗，对内可以称英雄，反正总有全族共负"集合责任"，为甚么不械斗重重呢？

（9）"在家千日好，出门事事难"，所以血缘之下，极重乡土观念。所谓土圣人，所谓地头蛇，便应运而生。

（10）血缘的基础，在于小社区的经济自足，生产消费都是直接的，所以老死可以不相往来。对外为绝缘，对内为偏枯。所以经济上是节流的。人事上是只知有部族，不知有国家，而且没有独往独来的个性。

现代国家的公民要求，如：

（1）公仆与国民的关系必由法治，故讲理。我国历史上每有新法，均遭失败。或由新法未在民风深处找到基础，亦因民风本身反对法治所致。至于良法美意，每因人亡而政俱息，更是因为没有走上法治国家阶段的缘故。

（2）法治故尚能，能够任劳任怨地服务于大多数者，便是公仆。服从公仆，乃是服从公是公非，服从合法的制度，并非服从张三，或者李四。我们没有客观的纪律，凡事因人而易，亦是因为没有公民原则的缘故。

（3）法治法理都是客观对事的，所以人事都甚简单。人事简单，事业便易推进。所以建设的精神，自为主人的态度，到处都负责任的习惯，都是真正公民的要求。

（4）因为要维持公民的资格，所以是独立的。独立则光明磊落，不怨天，不尤人，到处适应，左右逢源。

（5）现代国家的行为型，开物成务，一以客观需要为指归。所以是前进的，创新的。

（6）法理范围，以是非作因果的分析，所以是科学的。科学的态度，因时因地以制宜，便会日进而月益。

（7）自居为公民，要以公共利益为标准。"最大多数的最幸福"，是不容许滥用权力的。

（8）国家至上的公民原则，人人平等，不分贵贱；只有分工，没有身份。一人作事一人当，便无"二重道德"。犯法乃是破坏公安。所以不能私自了结，更不能直接报复。

（9）四海为家，到处都有共同的权利义务，所以公民原则，人人为我，我为人人，促成统一或者大同的局面。

（10）公民的基础在于大范围的分工合作，生产消费常是间接的供求，所以有无相通，不能自已。对外为交通，对内为富有。所以在经济上是开源的。人事，以国为前提，以个性为核心，家室不过是人生阶段中一小单位而已。

以上各例，就全国而论尚是如此。至于边民部分，如何因势利导，使其走上全国所需要的公民原则之上，则在工作者洞明其固有民风，而于每一措施举动当中加以相观而善的表证作用、诱导工夫了。"大匠能与人以相规，不能使人巧"。公民原则是规矩，只有诚则灵、熟则巧而已。

关于边疆工作的实施，我们已提供了原则与步骤两方面的意见，且于步骤方面说，不管医药的入手、生产技术的改良，还是公民原则的民众组训，均要以综合的教育原则出之。怎样才是综合的教育原则呢？我们便不能不讨论边疆工作实施中的第三方面，即不能不提供关于方式一方面的意见。

论到边疆工作的实施方式，应该统一于富有机动性的团体。这个团体，若借用墨西哥一种建国势力的字眼（cultural mission），可以叫做"边疆文化团"。里面包括：（一）医学家，尤其是传染病、兽医，以及公共卫生一方面的人；（二）社会科学家，尤其是兼有实用与理论两方面的社会学家与人类学家；（三）地学家，尤其是矿物学家与土壤学家；（四）生物学家，尤其是畜物学家与林艺学家；（五）工业化学家，尤其是制造皮革、肥皂、乳产品、毛织品一类的人；（六）语言学家，尤其是精通边地宗教经典的人。这些专家，配合在边疆，即学习，即同化；即服务，即表证；即改进，即扶植；分工合作，比较参证；勿忘勿助，名利不居，以使边民归于自助自动之途。

这些专家，一面取自中央研究院或各地大学，一面取自边地寺院或就近学者，均使一部进行实地工作，一部返回内地图书馆、实验室，彼此取得联系；由内地到边疆，由边疆到内地，赓续瓜代。既可吸引内地青年，亦可提拔边地青年。

就内地青年而论，由着他们带回原始材料，加以编纂，即以充作教室或实验室之用。我们已经说过（第五章），训练内地人才的办法，最好委托已有边疆历史的大学，建立乡村研习站。意在乡村工作先有过渡的练习，再在近边工作更有进一步的练习，以便乡村不成者不必到近边，近边不成者不必到边疆。盖因一则交通困难，二则身心两种适应均在边疆不易，直接派到那里太不经济，而且城市机会多、方面广、救济方便，故不适合近边与乡村者，无妨就近留在城市；然而有研习站的设备，且与边疆导师切磋琢磨，教学相长，已可使优秀青年逐渐充作助手而胜任愉快了。

就边地青年而论，倘能资助知识分子使其进修，且即聘请当地前进的高僧、祭司、阿訇之类，陪同内地前往的学者，共同研究，长久接触，则彼此启发，本末分别，沟通文化，自易水到渠成。盖边地寺院，不管徒众，还是师尊，都是自立自营的，不似内地出家；能有寺产可靠，故若罗致此等人才，比较容易。文化接触，乃是创新之母。如此接触下去，自与我国海禁开后因与西洋接触而引起的"新文化运动"一样，能使边民自动启发"文艺复兴"的运动。一位耶稣改革了犹太教，一位马丁·路德又改革了天主教，一位释迦牟尼改革了印度的婆罗门教，一位宗喀巴又改革了蒙藏的佛教（俗称喇嘛教），一位穆罕默德改革了阿拉伯的神道教，一位凯末尔又改革了土耳其的回教。取者丰，接者广，感者切，志者大：一切革命的先进，都是这样沛然而莫之能御的。外来势力只能培植生机，不能越俎代庖；只能供给因缘，不能消极破坏。盖越俎代庖必致戕贼其生机，消极破坏反更引起反感而取消其因缘。然而边疆的宗教，边疆的精神文化，已因物质生活的压迫与夫外来势力的激荡，到了产生第二位宗喀巴、凯末尔或者马丁·路德的时候了。因势利导，是在边疆工作者的手段。

我们说，边疆工作的实施方式，应该统一于富有机动性的团体，顶好是统一于边疆文化团。以上三段是就其干部加以说明。至于这些干部要作些甚么呢？请就两方面加以叙述。边疆文化团可以改善已有的教育，也可以启发未来的创化力量。

所谓已有的教育，包括内地式的学校，以及边疆式的学校。内地式的学校已在边疆成立者无不需要大加充实，尚未成立者又待大量增设。然而大量增设，须俟已有学校大加充实卓有成效，而且创化力量已经启发出来以后方可从事。不然，徒有虚名毫无实际，不但没有用处，反失学校尊严。同时，当地不热心，一切靠国库，亦非持久之道。那么，怎样对于内地式的已有学校加以充实呢？不外要使教学与生活打成一片。譬如教地理先由边疆当地教起，逐渐扩大，而县，而区，而省，而国，而世界，使其亲切有味，明了局部与全体的关系、近处下手远处着眼的办法；讲历史先讲本处故事，如村落部族如何成，机关团体如何有，然后越溯越远，越远越广，使知中华民国原是一家的而感到以往历史的可歌可泣，将来历史的责无旁贷；讲公民先讲当地人权的分配、经济的资源、生产的方式、民风的型类，然后渐及各级政府的职权、公民的义务、大时代中的责任；学自然，先看当地鸟兽草木的种色，山川风土的形状，然后渐及科学的表证，全国的富藏，当前的开发；学语文一面要有国语注音的练习，使能当场应用，一面因当地情形授以边疆语文，如蒙、藏、回文之类，以使不与当地脱节，取得传统权威的信任，并有全国一致的基本工具。其他以此类推，务在由近及远，因小见大，即学即用，以启发其更进一步的好奇心。不然，念书上学不与作人办事相干，不但不能取得边民对于内地式新教育的信托，而且一蹈空虚无用的覆辙，即有教育，亦属浪费。然此不是一般小学教师所得单独为力，必由大规模的文化团，为之编纂教材，辅导教学，方可奏效。

边疆式的学校，即在喇嘛寺、清真寺以及福音堂之中。一般徒知此三者宗教机构，而不知其为教育设施，未能加以利用，殊非经济办法。盖喇嘛寺，常是由着初小进而至于研究院的组织，如文学院、神学院、医学院、历算学院，博大精探，远非边疆小学中学所可望其项背。清真寺为了教授《可兰经》的缘故，均有附设的回文（他们叫作金字）学校。福音堂亦多设查经班，或用国文，或用注音，或用蒙藏回文的翻译，甚且进至拉丁、德、法、英等外国文字的讲授。这些都是宗教以外的教育设施。他们办得好而我们不去利用，是为不智；他们办得不好而我们不加过问，是为弃权。弃权与不智，均无是处。必得与之联络，使能逐渐加入现代常识，且于没有国语之处逐渐加入国语，始能文教沟通，情感流畅。两存其便，方得一致处达成全国一致的公民标准，个别处适应因地制宜的地方特点。然此亦非一二视察员或各形式公文所可为力，亦必有赖于势力雄厚见解高明的文化团为之倡导。

所谓未来的创化力量，可由边疆文化团加以启发者，安居时得用服务馆的方式，行动时得用服务队的方式。

边民服务馆，可作各种问题的指导与解决。更具体地说，应有卫生医药的诊疗、公民教育的讲习、自然标准的分类、乡土教材的编制；已有机关团体的辅导，尤要注重启发文化接触的展览。展览可分两种，一种是陈列文化自然史的标本，一种是陈列当地各种标本。前一种，如行的方面，由步行，而利用畜行、车行、船行以至汽车、轮船、飞机等各种行法；力的方面，由人力，而利用畜力、风力、水力以至汽力、电力等各种力量；居的方面，由穴居野处，构木为巢，而有帐幕，而有茅茨土阶，而有宫室楼阁；生产方面，由采集、渔猎、畜牧、农耕，而有机器化、电气化的工农各业；交易方面，由部落自足，而"避人交换"①"送礼交换"②、市肆的以物易物、公共的价值媒介（由贝类，而生金，而圜法，而纸币）以及信用汇兑之类；组织方面，由自足经济的血缘（如家族主义），而至分工合作的地缘业缘（如公民原则与行业公会）之类，不胜枚举。以此类推，各方面的生活无不可以简单明了地摆在目前，雅俗共赏；不但胜于许多好恶是非的评论，且亦胜于无数抽象科学的演讲。后一种展览，是将当地动植矿等标本，以及各种人为文化的型类资料，成功乡土博物馆；一面便于当地明了自己的生活水准，一面即予边疆研究与服务者以检讨的便利。当地的治机，于此可鉴；边疆的教材，亦可由此取资。一俟标本充溢，即与内地各大博物馆彼此交换。冶诸鄙于一炉，齐价值于同轨；即以作室内研究与编写报告，并备顾问；更用动的方式，即服务队，来深入工作，以吸收经验，并表证事功。

边疆服务队，因为是动的，当比静的工作尤为重要。盖因服务馆的第二种展览，要在巡回中搜集材料，一切室内工作也要在巡回中得来。不然，纵有馆务，亦不免例行公事，没有创化作用，只有物理的加添，得不到化学的融合。况且说，社会之动脉乃在民间，深入民间，才是服务的根本。边疆服务队深入民间的主要作用。即在发现而且提拔当地的领袖人才，而且直接接触，习知当地的需要，启迪当地共同努力，共同解决问题，共同提高文化水准的热情。

---

① 避人交换亦名"无声交换"（Silent trade），盖两造彼此惧怕而又需要彼此交换，乃由甲造遗物于地，返回若干距离，候由乙造捡起，并遗物品而退，甲造乃法捡起，便算完成交易。

② "送礼交换"即所谓 Kula System，见 B. Malinowski, *The Argonauts of the Western Pacific*。

在过去，边疆固有势力，派遣一二代表，甚至少数奴仆（娃子），到了中央，表示一点殷勤，即得政府要人格外优待，致使回到本地，促成坐大的局面，使其采取藐视地方长官，空言取好中央那样远交近不理的政策。或遇推诚向化的土官，因为相当安分谦卑的缘故，反倒不予重视，而加以同类地方不曾担负的义务；以致谁肯服从，谁便吃亏，而使他们落为侪辈的笑柄。此等情形，大非招徕之道，然欲扶植善良势力，提拔真正领袖，便非通过服务队的同工经验不可。

边疆文化团采取服务的方式，既有综合的技术，又本学习的态度，道地边疆化的生活，走到某一部落，借着医药服务的媒介，一二星期感情融合以后，即可根据问题所在，同着当地热心有为的人们共作解决这类问题的尝试。过渡地带的农具、籽种、土壤等怎样改良；边疆游牧的畜种怎样选择、培育，以及传染病怎样隔离、预防；林木草原怎样培植，水土利用怎样发展，药材怎样采集；以及部落纠纷怎样处理，工业品怎样制造，权利义务分工合作；种种等等，都可选择有目共睹，轻而易举者，共试共办；继复共同讨论，共同评议：善者设法推广，不善者力求改进。然后由浅入深，再试难者大者，目的总在引起当地逼视问题，积极解决那种具有创化性的机动作用。一地有了规模，即交该地自己进行。再到另一部落，根据已经获得的经验，观察另一部落的问题，发展另一部落的热心领袖。一步一步，一地一地，给予了初步的鼓舞，当前的成效，然后周而复始，返转原地：考其成功如何？失败如何？根据旁处的经验，前途再进一步的展望如何？如此，当时没有办法的，反躬自问缺陷在哪里？自己有办法而当地不能执行的，客观研究，毛病在哪里？于是干部也长进，助手也长进，边民更长进。所谓"研究、服务、训练"三者合一的理论与实际，基础即在于此。

不然，主管人物以纸上空文责诸属下，属下更以隔靴搔痒的东西麻烦边民，且以纸上空文还诸主管；上下不着边际，而以"边疆情形特殊"为透过卸责的口实，亦只见八股余毒积重难返而已。时下一般习惯，教员每以贩卖主义骗学生，学生每以一纸文凭骗社会；轻以招尤，重且国敝民困。原称"士农工商"，今已"兵农工学商"。权衡轻重，岂非因为抗战以来贡献实有不同吗？然而边疆是朴实的，兑现即兑现，不兑现即连欺骗也作不到——惟有拒而不纳罢了。倡导边疆工作，造福边民，因而建设国家，是在具大愿力，体魄见识技术俱备，而猛醒精进之士，通力合作，来几个综合的边疆文化团。

第七章 边疆工作之展望

《中国之命运》（页一三八——一三九）里说："我们中国在不平等条约束缚之下，都市有畸形的发展而为人口所集中，政治建设亦相率而趋于少数之都市。因之国土荒废，边疆空虚，以致国不成国，侵凌频至。现在不平等条约既已撤废，则今后的政治设施必一扫过去的偏枯积弊，而期于全国各区城皆有平均的发展。故边疆的经营开发，应为全国青年立志的目标。所望我有为有守的青年，要恢复马伏波（援）、班定远（超）的精神，立志在边疆，致力于政治建设……"

这是我们的新国策。这种国策，不但提示出边疆工作的前途，而且指明它在全盘建国过程里面的地位。我们在第一章说，我国海禁未开以前，精耕文化为正统文化；及至帝国主义侵入以来，农耕大被剥削，正统文化骤呈危机，而以畜牧为基础的边疆更被虎视眈眈者所窥伺。探险队、传教士、化装侦探，无孔不入，远超过内地人士足迹所至的范围。我所应知者不知，彼所不应知者知道得特别详细。故在经济、政治、宗教，各种手段之下，正统文化动摇破裂，附从文化亦因缺乏内地引发力量而无由进步。

现在，不平等条约取消了，建国大业可以自由推进了。建国大业的一环，即边疆建设，不但因为抗战的迫力而愈为亲切，且也因为外交的便利而成了千载一时的转机。善于利用这种转机，"乃是义务感的激发，与责任心的加强"（《中国之命运》页一二二）。倘不如此，以后的问题丛生，当非条约形式所可保障。

那么，我们建设边疆到底希望一些甚么样的结果呢？根据以上各章所有的讨论，我们无妨予以概括的推测。即不外由着我们的协助，促动边民的自助，而使边疆工作者成为一般的专业工作者。

关于我们的协助，可分物质与精神两方面。在物质方面，我们要采区域分工的办法，因用边疆所宜，使其地无弃利；同时使其当地产品就近工业化，以冀与内地经济平衡。再不必沿袭垦殖的成见，致令不适于耕作的地带勉强随内地原有正统文化之后。因为内地也要大规模地工业化，不但重工业有待于建设，轻工业有待于推广，即原有的农耕也不得不采取工业式的生产而改变其形态。在这种情形之下，边地特产正为内地所需，内地技术正可补救边地之所不足。所谓分工合作，所谓经济平衡，才是互惠交利的局面。倘采机械的看法，必要各地出产一致同类，便要断鹤续凫，两害俱伤。

在精神方面，我们要采公民原则的办法，充分利用乡土教材，使其发挥所长；同时授以现代常识，使其明了现代国民所应有之权利与义务，而且养成这种习惯。如此，则就全国论，统一中有复异；就地方论，复异中有统一；此之谓泱泱大国民的风度。不然，狃于部族、种色、宗教、语言，各方面的偏见，或者形式的一致，便非现代国家的准绳。盖所谓"书同文"，乃就国文国语而言，非在国文国语而外没有方言文学的意思。我们在第四章已经说过，边民具有天真的健美，富于超世的热情：这些，正是内地所需要的强心剂。

关于边民的自助，一方面因为文化团的诱导工夫，各地优秀分子起而提高自己的生活水准；一方面因为内地文化的激荡，各地固有学者，如喇嘛、阿訇之类，发起边疆文艺复兴运动，深入民间。这样上下相接、彼此互动的局面，发挥出强有力的创化作用，成为全国家的新生命，便不但可以自助，而且可以助人，于是乎"边疆"一词也就不需要了——即有，也只是地理的名词，而无文化上的意义了。

关于边疆工作者的专业工作，其展望亦可就两方面来说。第一，到了那个时候，便不是边疆工作，而是各种的专业工作，如医药、工程师、畜牧家、工业化学家之类的工作，这些工作，只有其各行的技术问题，再不必需兼为边疆而有的适应技术。第二，边疆社会工作也就失掉其边疆性，而如第二章所述，要以社会工作的专业技术贡献于那些地方。在那些地方从事社会工作，不管其性质怎样不是一劳永逸，不是感情冲动，不是形式或者包办主义的，也不管其类别是救济，是预防，是私人是公家，是集体的工作，是个案的工作，均与处在其他地方从事社会工作一样，只要专业技术的适应，而不再需要特别对于边疆的适应。

有人说，从事边疆工作的人，是最不自私的；因为从事其他工作的人都希望对象范围越大越固定越好，只有从事边疆工作的人希望边疆越来越失掉其边疆性，即其对象范围越来越小越不见了才好。的确，边疆工作者是不自私的。盖边疆工作主要是社会工作，而专业的社会工作者因为他们对于社会学与人类学的造诣，特别了解所谓制度化（institutionalism）的毛病。"矢人惟恐其不伤人。"因为造矢售矢，以维其矢人的职业，而欲其愈能伤人愈妙，便是制度化的例子。其他如所谓为校长而立学校，为军阀而造侵略战争之类，都是如此。社会服务而非专业化时代，亦曾为了济贫机关而制造贫穷。及至专业化了，即应用社会学、人类学的分析与认识了，便将不自觉的有利可图的心理（vested interest）变成自觉，而以纠正这种毛病为任务之一了。现在假边疆以自重的人还不在少数，即有制度化的趋势的人尚大有人在，是在边疆社会工作感而化之，揭而出之。故边疆社会工作之成功，即在边疆性之逐渐消失而归于乌有。

附录三：边民社区实地研究

实地研究与边疆 [*]

我国正统文化为以农立国之文化，惟因地理之限制或人工之未尽而未至农工阶段者，其区域吾人率以"边疆"目之。故国人之谈边疆者，多系指文化上之边疆，非国界上之边疆。如东南各省，以海为界，本即国界，而吾人均不视为边疆，川甘青康[**]地在腹心，反称之为边疆。诚以农耕牧畜之不同，乃正统文化与附从文化之所以分也。因此，我国之东北、西南、西北各方面在文化与国界双重意义之下，共可称为边疆之区域殊多。——华西边疆研究所缘起。

学问有两种：一种是头手货，一种是二手货。头手货是自己的经验，二手货是旁人的传闻。旁人的传闻，只是参考的价值，自己的经验，才有发明与发展的作用。

按道理，参考旁人的传闻，不过是直接经验的预备，或者有了直接经验以后拿来作一种比较，一番印证，所以直接经验是目

---

[*] 原载《边疆通讯》1942 年第 1 卷第 1 期。

[**] 即西康省，位于西南藏区东部，1939 年设立，1955 年撤销。

的，间接传闻是手段。

不过，积重难返的学风，攒在汗牛充栋的故纸堆里，满眼文字障，障住高瞻远瞩的兴趣与视线，再也不易穿过文字的背后，逼视客观的事实。甚至于因为战时的书籍缺乏，连文字也不看，惟浮沉于口头知识的贩卖，街谈巷语的传递；文字障且不可得，便只有更下一等的语言障？你说求真求实吗？他说天底下根本没有真理。你的证据确凿吗？他说此亦一是非，彼亦一是非，不过有此一说而已。堂堂大国民，"满腹经纶"，尽是杜撰；"头头是道"，无非欲以耸人听闻。则无怪能说话的人多，能办事的人少了。举目时艰，有人却找不到安身立命的事，有事也找不到胜任愉快的人，一部分重要的理由是不能不归咎于这种学风的。

或者有人要问："由手至口的老百姓，穷年累日都是忙于衣食，应该算最有直接经验最有学问的了，为什么他们在学术界没有地位呢？"

这应该分两层来答复：

第一，我们要问甚么是学术界。贩卖知识的人自己为学术界，当然是不会给比较不幸的老百姓留下优越地位的。老实说，我们视为"贫愚弱私"的人，假定用同一标准来衡量的话，未必比我们没有知识。万世师表的孔夫子曾经自己承认"吾不如老农"，"吾不如老圃"；也曾经被人讥笑说"四体不勤，五谷不分，孰为夫子？"

第二，老农老圃正因为四体太勤了，手头赚来的一经入口便无剩余了（所谓由手至口），所以只有不自觉的经验，只能埋在经验里头，不能利用闲暇来整理经验，来产生自觉的经验。所以老农老圃之不能像近代农业专家那样运用自如的缘故，不是经验的毛病，而是没有闲暇，没有高瞻远瞩的机会的毛病。不然，上过专门学校的"专家"，为甚么还有因为经验不够的缘故而"不如老农""不如老圃"的呢？

因此，我们可以规定一条原则：学问之道，在有直接经验的。不过，要有脱颖而出，比较经验、整理经验的机会；在有传闻或书本经验的人，则要有破除故障、实地研究、获得直接经验的要求与实践。虚而复实，实而复虚，抽象而具体，具体而抽象，循环相济，以至即虚即实，即抽象即具体的境界，才算"放得下，拿得起"。

因袭的学风，既然病在不切实际，所以我们非得提倡实地研究不可。

实地研究最好的方法，乃是利用服务的手段，这不但是因为"学以致用"的原则，更是因为旁观式、审问式的研究不如同情其处境，参加其行动，更来得亲切自然而易洞明其窍要。为欲提倡这种新的脚踏实地的风气，我们当然也要扩大宣传，联络同工。最有效的宣传，乃在使人共同参加实地研究、实地服务，使在实地研究、实地服务当中证得实地工作的意义。我们主张研究、服务、宣传三位一体，便是这种道理。而这种三位一体的道理，大能实现于实地工作之中。

那么，实地研究又与边疆有什么关系呢？

我们固然可以说：一切针对客观界的研究，与图书室的研究相比，都是实地研究。但在边疆的实地研究更有以下几种特点：

第一，就缓急轻重来说，我们向来对于边疆的注意太少，为了补偏救弊计，非特别研究边疆不可。内地虽然无处不值得研究，我们多少也有一些不自觉的认识。对于边疆，我们已经有的，与其说是认识，无宁说是误解，说是偏见。偌大范围的边疆，外国人的报告，不管是曲解，还是事实，总有数百种的专门著作；而我们稍微谨严的东西则屈指可数，哪能根据知己知彼的原则来操奇致胜呢？趁着抗建过程的总趋势，以及并肩作战的特殊局面，因时制宜，迎头赶上乃是我们经营边疆千载一时的机会。

第二，就人文地理来说，边疆之所以为边疆，固然因为文化的不同；而文化之所以不同，一大部分原因乃在历史的交流作用多被阻遏于地理条件的困难之中。甚么高寒哩，甚么炎瘴哩，甚么平沙哩，草原哩，以及重山峻岭哩，都是阻障常态交通的条件，造成复异文化的因素。然而论及设施，这一类的情形都是劣点；论及研究，则越觉复异者越会形成优点。在单调中可以习而不察，在复异中便觉到处都是问题，随时都有启发。语言学的研究，通例利用不熟习的语言，以为技术的训练，然后返转头来渐渐从事于比较熟习的语言。推此公例，对于一切文化的研究也是如此。故边疆的特点乃是实地研究的乐园，尤其是人类学者的正式对象。

第三，就教育作用来说，我们过去虚浮文弱的积习，正好借着尚未与大自然分家的边疆来一番涤肠刮骨的历练。我们常说，边地有似感情充溢活力奔放的少女。她高兴的时候，你可同她得意忘形，沉醉于爱的怀抱里，山河大地，无处不在奏着抑扬的歌曲。她一变脸，你可被她折磨得形消骨立，投降既不可能，逃避也无门路，只有咬定牙关，立住脚跟，以不变胜万变，不久就可复得她嫣然一笑。于是大千世界，无处不放异彩。这于地理是如此，于人文也是如此，然而不管是折磨，还是沉醉，都使你感到那是活的世界，力的世界，伟大而亲切，平淡而神秘的世界；不是死板的局面，不是疲软苟且，浮动而无诚意的局面。"争名于朝，争利于市"，有人厌恶这种假面具的桎梏人生吗？请你抱着坚贞不拔、虚怀若谷的精神到边疆去，那里可以振聋发聩，那里能使你归真返朴，使你接近活的世界，力的世界。你说那是研究也好，服务也好，宣传也好；哪一方面也好，三位一体也好，反正那是直接经验，是头手货，是给你文化的远近布景，使你别开眼界，便于比较，而且非得整理不可的头手的经验的机会。

边民社区实地研究纲要 *

基本对象

未有人类以前已有自然界，人在自然界中要利用自然以荣卫自己。假人工以改变自然，即所谓"文化"。所以自然、人、文化三者为实地研究的基本对象，也就是所有的对象。实地研究，系对书本或文献研究而言。中国过去的习惯，多偏重在文字，所谓"秀才不出门，便知天下闻"。满腹经纶，每易闭门造车，即纸上谈兵是。"巧妇难作无米炊"，没有客观界的材料，势不能产生利用厚生的学术，当属明白的事。所谓"到自然客观界去"，是世界文艺复兴的基本发动点与指南针。吾国新文化运动只解放了学术工具，即是由着适于少数人的文言，走到了适于大多数的口语。至于学术本身，则要另一种新的运动，将自然、人、文化三者加

---

* 原载《华文月刊》，1942 年第 1 卷 1 期。

以实地的研究。借着这样的研究，彻悟了客观界的规律，就是学理或纯粹科学；再利用这些规律还诸客观界，使它变得利于人生的要求，就是改造，就是事功，或者叫作"实用科学"。这在一般建设是这样，在应付国家的危机，也没有旁的"终南捷径"。学与术是根本分不开的，所以学理与实践是一个东西的两方面，根本没有冲突。冲突乃在一面有闭门造车的因袭学问，一面另有需要提倡的有体有用的实地研究，而不在论理与应用，即不在纯粹科学与实用科学。

就自然影响人而产生种种文化这一过程来说，是环境决定论；就人利用文化来改变自然界这一过程来说，是人定胜天论，两种过程又是同一过程的两方面——是同样客观的：自然界与人类之间通过人工或文化，没有法子不使互相影响；因为生活本身只能这样，除非是停止了生命。所以我们为了研究的便利，不管怎样分而又分，合而又合，彻始彻终都不要忘了这种基本的相互关系。

方法

方法论上种种区别，要不过是利用时间、空间，与时间空间扭在一起的发展等三种概念。这三种概念专用时间的，叫作"历史派"，即将我们基本对象或基本对象的某一部分或方面加以先后的排比（此处最好惯于采用公历或地质考古等表解）。专利用空间的，是将基本观象划成地理区域，研究其分布情形与过程，可以叫作"播化派"；或将基本对象的某一地方单位加以分析，以求其部分与部分的关系，或部分在单位系统以内的地位，以及这一单位系统与其四周的关系，或某一部分的消长盈缩，可以叫作"功能派"。基本对象当中有一个同一地带而代表的时代不同者，有同一时代而代表的种色不同者；这种离不开空时而又不必同一空时即有同一状态的情形，乃其发展的阶段。各国的封建阶段不一定同时同地，然并不妨害其为异地异时而停留的同样阶段。关心发展的阶段者，叫作"演化派"。不过旧日认为固定不移的普遍阶段，新一点的研究则认为没有那样死板的必要；而且不同文化的接触也可促成超越阶段的发展了。

利用时、空和发展这三概念而有的方法上的派别，其实也不必需各自为政，更可以将同一现象来一个三概念同时并用的分析综合的研究。同样，不同的时间系列可以比较起来，同一区域以内的不同单位也可以比较起来；不同的发展过程可以比较起来，同一发展过程以内不同阶段，也可以比较起来，普通所谓比较法，本就是附丽在或时或空发展过程里来用的，不过很少这样系统使用的罢了。谈到比较，在国内度量衡还没有普遍地标准化起来的时候，实地研究者非特别加以注意不可。每一单位，必将研究对象的时空所在，给它一个标准单位的折算表；不然，便无法统计，无法比较。如斤要折合市斤或公斤，里要折合公里，亩要折合公亩，斗要折合公斗；家、村、乡、区等都要加以定义（界说）之类，虽似小端，而被普遍的忽视，然则是整理材料的极大困难。

基本对象的各方面

欲将基本对象保存其相互关系，同时又分析来看以求精细，综合起来以把握其有机性，最好是利用适应一概念。人适应于自然界以利用厚生（财非其类以养其类），适应于同类而有种种民风、民仪和制度；适应于自己的心理机构，以养成统一的人格；又因对于客观界中不能控制的领域而去想出超自然的世界以求其适应，是为荦荦大者。

一、对于自然界的适应

人控制自然界的本领，其演化阶段有采集、渔猎、牧畜、耕种、机器工业之类；力的运用，有人力、畜力、自然势力（如风力、水力），以及汽力、电力之类。研究这一方面的学问是各种应用的自然科学或技术及经济学的一部分。我们研究一个社区，除了对于这一方面有历史、功能及发展上的关心以外，分开来说，应注意以下各点：

（甲）生活基础。如土壤、气候、水利、动植物等质量与分布，尤要注意人口与土地利用之比例。

（乙）生活条件。如重要职业、舟车之种类与构造、渔猎等武器、饮食方法与器具（包括男女禁忌、生火方法，与是否有人专司之类）、居所之构造及利用、居所以内的家具与布置、村落或旁的聚居方式的布置及防御、耕种或旁的方法所利用的动植物之名目及工具之种类等。

（丙）使生活丰富的技艺。如纺织的方法、原料及图案、染色原料及方法，炮制皮革的方法及用途，有否玻璃的制造或使用，乐器的种类及式样，烟或旁的刺激物，烟管的样式与烟的用途（如宗教或旁的礼仪），陶器的种类及其制作法，盐、酒等之制造及贩运，医药之来源及使用法，各种质料上的雕刻，冶金术及金属之来源与所用之工具（是否专有一阶级之人主司其事），宝石之种类及用途等。

二、对于同类的适应

衣食虽足，也必有群居之道，然后才可以相安无事。所以有群众的习惯，可以叫作"民风"；有民风中视为关乎群众的福利而应加以舆论上的拥护者，可以叫作"仪"；有民风中加以规章之制定或组织之维持者，可以叫作"制度"。民风、民仪、制度三者是群居的大法，但法而有时不合时宜，必需改弦而更张之，是谓"改造"；改造而有某一群人要坚持旧的传统以维持其一小部分占据优势的状况，又必需采用控制力使他们服从大多数的福利要求，是谓"革命"。作社会的实地研究，要纪述民风、民仪、制度等内容与方式，并洞观其是否合乎时宜以及改造或革命的过程中升降消长之机。分开来说，我们要注意以下各点：

（甲）关于团体分成者。如一社区以内之人口数，组成分子（性比例、年龄组、种族异同），社区内的种类（同姓村、复姓村、渔猎区或矿工区之类）。

（乙）关于生命阶段者。如降生时各种礼节，生活学徒期的教育（学校及其他）方式，成年礼的特别仪式（如冠礼、笄礼、打脱门牙、生殖器上的各种手术、发眉衣饰的分别等），婚娶的手续与仪式，胎教及孕期、生产期的种种禁忌，人死以后殓的方式、葬的措置、吊的方法，以及纪念的方式与时期等。

（丙）关于团体结合方式者。如（i）两性关系：有怎样求爱的步骤及方式？单婚制（一夫一妇）还是复婚制（一夫多妻、一妻多夫）？姓氏与继承是男系还是女系？掌管家政是男权还是女权？居住地点是男方还是女方？离婚的手续与条件怎样？子女如何分配？贞操的观点在婚前与婚后有无区别？（ii）家庭组织，共处的都是什么人？生物、经济（包括继承权）、宗教、生理等功能哪一项被承认并有如何布置？亲子兄弟及旁的亲属等有怎样关系？（iii）宗族组织，是族内婚还是族外婚？乱伦禁忌都影响哪一种人？族长的权力怎样？谱系如何编制保存？祠堂的存在、维持、功能等有怎样的情形？外人是否可以承宗继祖？（过继）族与族的关系怎样？用什么来维持？（iv）公民观念或超过血缘的地缘组织有否存在？政治的升替有怎样的机构？递传权柄的手续如何？被统制的义务权利怎样？宗亲原则与公民原则过渡的情形怎样？（v）国以外（国际）是否有关系？有怎样的想法？（vi）关于以上五项（i）至（v）各方面的最高理想怎样？怎样算最不道德？有法律的系统否？罪犯（违背良心或神意）与刑犯（违背法律）有无分别？战争构成的条件、解和的手续、战士的训练，理想都怎样？武器的种类及使用，交易的种类及媒介（货币），娱乐竞赛等布置、时期、种类，以及其他团体生活的各方面，以上还没有提到的有什么？

三、对于自己生理心理的适应

假定饱食暖衣了，四周的同类也都合适了。然若自己人格没有组织起来，没有善于利用自己的天赋，也不会有圆满的人生。"得了世界，失掉灵魂"这个比喻，便说明对于自己还有一套工夫。东方人的精神注重退避与节制，西方人大多数注重追求与满足。然节制而不发扬便是消沉，满足而无纪律便流于随波荡漾之一途。正当的解决，乃在组织起天赋各因素，使之趋于一定的方向，在分工合作上贡献于团体的福利，以求具足圆满的人生境界——即"存吾顺事；殁吾宁也"的境界。适应的观点是这样，然作客观的研究，则要注意以下各点：

（甲）关于身体外表者。如文身（有否男女、阶级种族等区别），补牙，耳环、鼻唇等饰品，头发的装束，生殖器的佩物，男女不同的服装等。

（乙）关于身体本身者。如体格的长短肥瘦，毛发的伸屈，眼的平斜浮陷，唇的厚薄翻正，额的宽狭陷突……头的长宽高低。

（丙）关于心理者。脾气是沉郁还是富于表情，自我是强还是弱，智力是平庸还是上智或下愚，生活能力是强壮还是应付不暇？

四、对于超自然的适应

科学不管怎样发达，也不免有个不可知的境界。而且黑漆一团的宇宙，知识的光明越大，越发现更大的不可知的领域。活着的人对于不可知者不能不要求一个应付的态度，于是产生了宗教。研究宗教，有下列各点可以注意：

（甲）信仰本身。（i）信仰的对象（神之一多、等级、性质等）及其他偶像、符箓、信条之类。（ii）信仰关系，如信徒对于崇拜对象的身份（父子的关系？还是甚么？）。（iii）信仰状态，如信徒的节仪、禁忌、心理准备等（祈祷诵经之类）。

（乙）维持信仰的机关，如寺庙，教堂（组织，经济来源，徒众的收录、训练、戒命、递传）。

（丙）信徒的组织，如僧伽、教会因性质而有的法会与因季节而有的集会，对非信徒的宣传及组织。

（丁）宗教事业，如各社会服务等工作。

五、适应的工具

人之所以异于禽兽者在有文化，创造文化的工具则分两大类：一类是手用的，即各种器具；一类是脑用的，即语言文字。器具主要用在人与自然的适应上，语言文字则无孔而不入：思想要靠它，人与人的交通作用也靠它；它既是我们研究的对象，也是我们研究各种对象时划分区别的客观证据。所以一方面要搜集关于各种事物的名单（包括亲属称谓），另一方面也要研究语言文字的本身（如语音、文法、文体、字形等）。

附言

一、本纲要只是一个纲要，至于每部分怎样再细密，或者某项研究要包括某一部分或某几部分，都是另一件事，需要另行补充和考虑的。何时进行某一部分，要靠着工作员及研究对象的各种条件。但有一个大纲在心中，使我们知道部分与全体的关系，亦可以免除以偏概全的毛病。假如专精某一部分，自可干上生枝，枝上生叶，补而充之，使有枝叶扶疏、自成系统的知识。知有本末，事有始终，学问上的切实，事业上才有可靠的技术。越服劳，越了解；越了解，越对于服劳有"大处着眼，小处下手"亲切而周到的办法。

二、除了大规模的各种专家所组织的研究团体之外，一二人在实地的努力或为某一专题而有的研究，不能希望将这纲要的全部都作到，但概况的观察，以为专精的准备，也是需要的。所以，全盘的大纲仍是有用的。况且说，建设事业越来越紧张了，越有大规模的趋势了，合组的研究团体必是迟早能够代替个人独得的作风吧？国内学术界的传统，有几种毛病：一为闭门造车，所以我们提倡实地研究；一为以偏概全（如主张只有交通能救国，只有扫除文盲能救国之类），所以我们画一个全盘智识的轮廓；又一为不能合作，所以我们提倡合作的方案。有一个大的图案，再有专家一面了解全盘的一般，一面专精他自己的特殊领域，在自己领域内指导旁人，在一般领域内听各专家的指导。不同的专家由

199

不同的角度这样辐辏起来，任何事便无患其不成了。分工是为了合作，故有分工才谈得到合作，而且合作要以分工为条件。

三、搜集材料，有时不必专家，各中小学的学生、教员，以及散在各处的新闻记者，或其他自由职业者，假定知道什么材料是有用的，都可以搜集起来，由专家整理。同时，只有零星散碎的搜集，而不明了其所以然，也是埋没天才的羁绊。所以，除了一般问题表外，提供一个系统；训练较高者，各得会心之一端，试各种方法而组织之，便不只搜集材料，而且兼能整理材料了。大匠之手无弃材，是在个人努力而已。倘全国风气，都走入实事求是的一途，而不产生旋乾转坤的智能者，当属不会有的事；假定长此以往，安于苟且因循，争上空谈，而欲（一）控制自然，（二）协和万众，（三）心安理得，（四）而符合理想，也是不会有的事。满地尽黄金，能拾取者有之！处常处变，莫不皆然。

编后记

　　李安宅先生学贯中西，著译丰富，在所涉领域建树颇丰，有些甚是开创性的。本书收录了先生在 1930 至 1940 年代期间写就的四篇，即《〈仪礼〉与〈礼记〉之社会学的研究》《关于祖尼人的一些观察和探讨》《边疆社会工作》《边民社区实地研究》，以扼要展现先生的学术成就。其中，后三篇列为附录呈现，《边民社区实地研究》为《实地研究与边疆》和《边民社区实地研究纲要》的合并。

　　《〈仪礼〉与〈礼记〉之社会学的研究》为李安宅最早的一部作品。其原是李安宅 1930 年燕京大学硕士毕业论文，1931 年由商务印书馆出版，1933 年和 1936 年先后再版。在约五万字的篇幅中，李安宅以儒家经典为根据，系统细致地指出了中国古代社会生活与制度，在诸如宗教、语言、饮食、娱乐等各种面向之下，所潜藏的以儒家礼仪思想为核心的框架。李安宅的阐释是独特且意义重大的，对后世产生了重要影响。对此，本书收录的是 1931 年的版本，为方便读者，该版本中脱、衍、误之处，本书均出编注，特此说明。

　　《关于祖尼人的一些观察和探讨》（"Zuni：Social Observation and Queries"）是李安宅 1935 年访学美国加州大学期间，用英文写作并发表于《美国人类学》（*American Anthropology*）的文章。

1935 年 6 月 5 日至 9 月 16 日，除中间外出短游两周，他都在一个祖尼人家庭中生活，与当地土著同吃同住，进行参与式观察研究。这可以说是中国海外人类学的最早尝试之一。文章批评了当时人类学界普遍有关祖尼人的西方文化中心主义式的偏见，尤其是西方现代宗教观念、法律观念，以及资本主义社会的竞争意识。因此，文章一经发表，便备受瞩目，在美国文化人类学界形成一股重要思潮。人类学者拉德克里夫-布朗甚至还一度对李安宅盛赞有加："You gave the American anthropologist everyone a chair."

《边疆社会工作》为李安宅在蒙藏边疆地区多年亲身实地工作成果的凝练和升华，也是最能体现其"研究、服务、训练"三位一体思想的研究，"量少而质高"。在文中，李安宅有感而发，为帮助边疆社会工作发展进步，全面总结了其要点、困难、条件与行动纲领。本书最早在 1944 年由重庆中华书局出版，后分别经过四川人民出版社以及河北教育出版社整理出版。此次收录以 1944 年版为底本进行了编校。

《边民社区实地研究》由《实地研究与边疆》与《边民社区实地研究纲要》两篇文章组成，是《边疆社会工作》的延伸。《实地研究与边疆》原刊于《边疆通讯》1942 年第一卷第一期，《边民社区实地研究纲要》则载于《华文月刊》1942 年第一卷第一期。其提纲挈领式地列明了边疆民族地区社会调查的研究指南，不仅是后世从事相关研究者的不可忽略的参考，也是李安宅追求理论应用实际"活的人生"学术精神，与作为一个学者的救世情怀之缩影。

上述四篇研究，均可认为是代表了李安宅先生在二十世纪三四十年代所经历的几次学术拐点的重要文献。本书将之合为一本小册，以期一展先生的学术贡献。编校整理工作均以各篇最早行世版本作为底本，对照进行。在文辞方面，凡为李安宅先生惯用字眼，本书均尽如前例，予以保存，只改正几处明显的笔误，补上若干脱字，以存其真，尽可能呈现先生的本意与旧时代的风貌。在不损原义的情况下，体例从现行规范校订，不足之处，敬请指正。

图书在版编目(CIP)数据

《仪礼》与《礼记》之社会学的研究/李安宅著. —北京:商务印书馆,2022
(百年中国社会学丛书)
ISBN 978-7-100-21457-5

Ⅰ.①仪… Ⅱ.①李 Ⅲ.①《仪礼》—研究 ②《礼记》—研究 Ⅳ.①K892.9

中国版本图书馆 CIP 数据核字(2022)第 131066 号

百年中国社会学丛书
《仪礼》与《礼记》之社会学的研究
李安宅 著

商 务 印 书 馆 出 版
(北京王府井大街36号 邮政编码100710)
商 务 印 书 馆 发 行
北 京 冠 中 印 刷 厂 印 刷
ISBN 978-7-100-21457-5

2022 年 9 月第 1 版　　开本 880×1240 1/32
2022 年 9 月北京第 1 次印刷　　印张 6¾

定价:48.00 元